Evolución, Revolución y Anarquismo

Título:
Evolución, Revolución y Anarquismo

Autoría: Élisée Reclus

Título original:
L'Évolution, la révolution et l'idéal anarchique (1897).

El texto original procede de la Editorial Proyección, 1969, Argentina.

Digitalización del texto a cargo del colectivo Biblioteca Virtual Antorcha,
http://www.antorcha.net/index/biblioteca.html

2a edición en castellano, noviembre 2025, Barcelona

Colección *Idees Negres*
Descontrol Editorial

C/ Constitució nº 19, Can Batlló, nau 80, 08014 Barcelona
www.descontrol.cat   Telf. 93 4223787

ISBN:979-13-87791-01-8
Depósito Legal: B 21674-2025

Edición: Descontrol Editorial // editorial@descontrol.cat
Maquetación: Descontrol Editorial
Impreso en: Descontrol Impremta // impremta@descontrol.cat
Distribuye: Descontrol Distribució // distribucio@descontrol.cat

---

Evolución, Revolución y Anarquismo

Élisée Reclus

Editorial DESCONTROL

Jacques Élisée Reclus
1830 - 1905

Presentación

A manera de recordatorio en el centenario del fallecimiento del geógrafo libertario francés, Eliseo Reclus (1830-1905), hemos tomado la iniciativa de publicar su obra *Evolución, revolución y anarquismo* en nuestra Biblioteca Virtual Antorcha.

Este ensayo lo escribió cuando se encontraba cumpliendo una condena de destierro que le impusieron por su participación en la Comuna de París. La principal tesis que maneja en este trabajo es el demostrar que la evolución y la revolución son dos conceptos totalmente relacionados, esto es, no contradictorios. Y a tal grado se genera esa relación que no son pocas las veces en que resulta sumamente complicado definir los límites de uno y de otro.

En su opinión el simple añadido de la violencia no marca diferencia alguna entre estos términos puesto que él arguye que tanto hay evoluciones violentas como revoluciones tranquilas. Y lo que vendría a establecer la diferencia sería el paso, la acción, el desenvolvimiento más allá de lo establecido. Bajo esta óptica, la evolución devendría en revolución en el preciso momento en que diese ese brinco, ese salto que le colocase ante una nueva visión, una nueva situación. Y una vez agotado ese proceso, una vez que se hubiese normalizado, la revolución devendría de inmediato en evolución. Y así, ese movimiento continuo, eterno, se constituye en la vida misma.

Bajo este prisma el anarquismo en cuanto concepto de vida, debe forzosamente adentrarse en el eterno proceso de evolución, revolución, evolución, sin olvidar, por supuesto, los procesos involutivos que Reclus denomina evoluciones negativas y que representan un retroceso, esto es, lo que en política se denominaría la contrarrevolución.

Para digitalizar la edición de Evolución, revolución y anarquismo, nos hemos basado en la edición que hiciera la ilustre editorial argentina Proyección en 1969. No dudamos de que todo aquel interesado en el desarrollo teórico libertario encontrará en esta obra tópicos varios sobre los cuales reflexionar y profundizar.

CHANTAL LÓPEZ Y OMAR CORTÉS

I

ᚽ Evolución del universo y revoluciones parciales ᚽ Falsa acepción de los términos ᚽ Evolución y Revolución ᚽ Evolucionistas hipócritas, timoratos o cortos de vista ᚽ Evolución y revolución: dos estados sucesivos de un mismo fenómeno ᚽ

La evolución es el movimiento infinito de cuanto existe, la transformación incesante del Universo y de todas sus partes, desde los orígenes eternos y durante el infinito del tiempo. Las vías lácteas que aparecen en los espacios sin límites, que se condensan y se disuelven durante millones y millones de siglos, las estrellas, los astros que nacen, se agregan y mueren, nuestro torbellino solar con su astro central, sus planetas y lunas, y, en los límites reducidos de nuestro pequeño planeta, las montañas que surgen y desaparecen, los océanos que se forman para luego agotarse, los ríos que fertilizan los valles y se secan como tenue rocío matutino, las generaciones de plantas, de animales y de hombres que se suceden, y los millones de vidas imperceptibles, desde el hombre hasta el mosquito, no son sino manifestaciones de la gran evolución, que arrastra todo en su torbellino sin fin.

Comparativamente con este hecho primordial de la evolución y de la vida universal, ¿qué son todos esos pequeños acontecimientos llamados revoluciones astronómicas, geológicas o políticas? Vibraciones casi insensibles, apariencias podríamos decir. En la evolución universal las revoluciones se suceden por millones y millones de miríadas, y por insignificantes que sean forman parte de ese movimiento infinito.

La ciencia no establece ninguna diferencia entre las dos palabras -evolución y revolución-, cuyo parecido es grande, no obstante ser empleadas en el lenguaje común en un sentido completamente distinto de su significación primitiva.

Lejos de ver en ellas hechos de un mismo orden, que sólo difieren por la amplitud del movimiento, los hombres tímidos, a quienes cualquier cambio llena de espanto, pretenden dar a los dos términos una significación absolutamente opuesta. La Evolución, sinónimo de desarrollo gradual, continuo en las ideas y las costumbres, es presentada como la antítesis de esta otra horrorosa palabra, la Revolución, que implica cambios más o menos bruscos en los acontecimientos. Con entusiasmo aparente o hasta sincero, hablan de la evolución y de los progresos lentos que se efectúan en las células cerebrales, del secreto de las inteligencias y de los corazones; pero no pueden consentir que se mencione siquiera la abominable revolución, que se escapa súbitamente de los espíritus para hacer explosión en las calles, acompañada casi siempre de gritos espantosos de multitud, ruidos y choques de armas.

Consignemos primero que es dar pruebas de ignorancia establecer entre la evolución y la revolución un contraste de paz y de guerra, de calma y de violencia. Las revoluciones pueden hacerse pacíficamente, por consecuencia de una modificación súbita del medio que provoque un repentino cambio en los intereses; asimismo, las evoluciones pueden ser muy rudas, mezcladas con guerras y persecuciones.

Si la palabra evolución es aceptada con entusiasmo por los mismos que miran con espanto a los revolucionarios, es porque no se han dado cuenta de su valor, pues lo que la palabra significa en sí no pueden admitirlo en modo alguno. Hablan del progreso en términos generales, pero rechazan el progreso en particular. Ven la sociedad actual tal cual es, reconocen que es mala pero que, sin embargo, debe conservarse porque en ella pueden realizar su ideal: riqueza, poder, consideración, bienestar. Puesto que hay ricos y pobres, poderosos y sometidos, amos y esclavos, Césares que ordenan el combate y gladiadores que van a morir en él, las gentes listas no tienen más que ponerse del lado de los ricos y de los amos, hacerse cortesanos de los Césares. Esta sociedad da pan, dinero, colocaciones, honores; y bien, que los hombres ingeniosos se las arreglen de modo que puedan tomar la mayor cantidad posible de cuantos presentes brinda el destino. Si la buena estrella al presidir su nacimiento les ha dispensado de toda lucha dándoles por herencia lo necesario y lo superfluo, ¿de qué pueden quejarse? Procuran convencerse de que todo el mundo está tan satisfecho como ellos: Para el ahíto todo el mundo ha comido según su apetito. En cuanto al egoísta a quien la sociedad no ha dado riqueza desde la cuna, y que por sí mismo está descontento con el estado de cosas, al menos puede conquistar su empleo poniendo en juego la adulación o la intriga, por un feliz golpe de la suerte o trabajando al servicio de los poderosos. ¿Qué será para estos seres la evolución social? ¡Evolucionar hacia la fortuna es su única ambición! Lejos de buscar la justicia para todos, les basta con conquistar el privilegio para sí mismos.

Existen, sin embargo, espíritus timoratos que creen honestamente en la evolución de las ideas, que confían vagamente en una transformación correspondiente de las cosas, y que no obstante, por un sentimiento de miedo instintivo, casi físico, quieren evitar, al menos durante su vida, toda revolución. La evocan y la conjuran al mismo tiempo: critican la sociedad presente y sueñan con la sociedad futura, como si ésta debiera aparecer súbitamente por una especie de milagro, sin producir ningún trastorno entre el mundo pasado y el mundo del porvenir. Como seres incompletos, sienten el deseo sin tener el pensamiento; tienen imaginación, pero carecen de voluntad. Perteneciendo a dos mundos a la vez, están condenados por ley fatal a traicionar el uno y el otro: en la sociedad conservadora son un elemento de disolución, por sus ideas y su lenguaje; en la de los revolucionarios resultan reaccionarios al extremo de abjurar sus instintos de juventud, y como el perro de quien nos habla el Evangelio volviendo hacia lo qué han vomitado. Así se explica que durante la Revolución los defensores más ardientes del antiguo régimen fueron aquellos que anteriormente lo habían ridiculizado; de precursores se convierten en renegados. Como los torpes magos de la leyenda, comprendían tardíamente que habían desencadenado una fuerza demasiado indómita para su débil voluntad, para sus tímidas manos.

Hay otra clase de evolucionistas, y son los que en el conjunto de los cambios a realizar no ven más que uno, a cuya realización se consagran estricta y metódicamente, sin preocuparse de otras transformaciones sociales; desde el vamos han reducido y limitado su campo de acción. Algunos sujetos, al parecer hábiles, han querido por este procedimiento tranquilizar su conciencia y trabajar sin riesgo por la futura revolución. So pretexto de consagrar sus esfuerzos a una reforma de inmediata realización, pierden completamente de vista todo ideal superior y hasta lo rechazan con energía, para que no se sospeche de ellos la participación en los ideales revolucionarios. Otros, más honrados, o completamente respetables y hasta cierto punto útiles a la gran obra, son aquellos que, por estrechez de espíritu, no pueden abarcar más que una sola parte del progreso. La sinceridad de sus espíritus y de su conducta los coloca fuera del alcance de nuestra crítica. Nosotros los llamamos hermanos, no obstante lamentar lo reducido del campo de acción en el cual se encuentran estacionados: debido a su odio especial contra un solo abuso, aparecen como admitiendo las demás iniquidades.

No nos ocupamos de aquellos cuya finalidad, relativamente plausible, se limite a la reforma de la ortografía, a la reglamentación de la hora o al cambio del meridiano, la supresión de los corsés o de las gorras de pelo; creemos que hay otras cosas más interesantes y más lejos del ridículo cuya propagación exige a sus defensores energía, perseverancia y heroísmo. Cuando se ve en cualquier innovador rectitud perfecta, fervor de sacrificio y desprecio del peligro, el revolucionario le debe en cambio simpatía y respeto. Así, por ejemplo, cuando vemos una mujer pura de sentimientos, noble de carácter o inmaculada de todo escándalo ante la opinión, descender hasta la prostituta y decirle: *Tú eres mi hermana; cuenta conmigo para luchar contra el agente que te insulta, contra el médico de la policía que te hace detener y que te explota con su visita, contra la sociedad entera que te desprecia y atropella*, ninguno de nosotros se detiene en consideraciones generales para regatearle respeto a la valiente evolucionista que se declara en rebeldía contra la impudicia del mundo oficial. Podríamos decirle, sin duda, que todas las revoluciones se enlazan, que la protesta del individuo contra el Estado abarca lo mismo la causa del cautivo que de cualquier otro al igual que la de la prostituta; pero no por eso dejamos de sentir admiración por los que combaten por la buena causa aunque sólo sea en un campo estrecho y cerrado. Igualmente consideramos héroes a cuantos en cualquier país, y en no importa qué siglo, han sabido sacrificarse desinteresadamente por una causa común, por limitado que haya sido su horizonte. Que cada uno de nosotros los salude con entusiasmo, y digamos: Sepamos imitarlos en nuestro campo de batalla bastante más vasto que el suyo, puesto que comprende toda la Tierra. En efecto, la evolución abarca el conjunto de las cosas humanas y la revolución debe abarcarlas también, por más que no haya siempre un paralelismo evidente en los acontecimientos parciales que constituyen el conjunto de la vida de las sociedades. Los progresos se consolidan entre sí, y por eso nosotros los queremos a todos, según la medida de nuestra fuerza y de nuestros conocimientos: progresos sociales y políticos, morales y materiales, de ciencias, artes o industria. Evolucionistas en toda la línea, somos igualmente revolucionarios en todo, porque sabemos que la historia misma no es otra cosa que la serie de hechos realizados que siguen a la serie de preparaciones. La gran evolución intelectual que emancipa los espíritus, trae por consecuencia lógica la emancipación, de hecho, de los individuos en sus relaciones con los demás individuos.

Así, puede decirse que la evolución y la revolución son dos actos sucesivos de un mismo fenómeno; la evolución precede a la revolución, y ésta a una nueva evolución, causa de revoluciones futuras. ¿Un cambio puede efectuarse sin producir súbitos cambios de equilibrio en la vida? ¿La revolución no ha de suceder necesariamente a la evolución, lo mismo que el acto sucede a la voluntad de obrar? Una y otra no difieren más que por la época de su aparición. Que un obstáculo obstruya un río en la montaña: las aguas contenidas se amontonan poco a poco, un lago se forma por lenta evolución, luego se produce de pronto una infiltración en el aral del dique, y el arrastre de una piedra determinará el cataclismo. El obstáculo será arrastrado violentamente y el lago volverá a ser río. Así se producirá una pequeña revolución terrestre.

Si la revolución viene siempre bastante después que la evolución, es por la resistencia que el ambiente ofrece: el agua de una corriente choca contra las orillas en donde retarda su marcha; el rayo se pierde en el cielo porque la atmósfera opone resistencia a la chispa salida de la nube. Cada transformación de la materia, cada realización de una idea, en el período mismo del cambio, se ve contrariada por la inercia del ambiente, y el nuevo fenómeno no puede producirse sino por una fuerza tanto más violenta cuanto mayor es la resistencia que encuentra. Herder lo dice al hablar de la Revolución Francesa: La semilla cae sobre la tierra; durante mucho tiempo parece muerta; de repente, empujada por la fecundación, brota sobre la tierra que la cubría, violenta a la arcilla enemiga, y hela ya convertida en planta que florece y da su fruto. El niño, ¿cómo nace? Después de haber residido durante nueve meses en las tinieblas del vientre materno, sólo sale de allí por la violencia, rompiendo la envoltura que lo aprisionaba, y produciendo a veces la muerte de su madre. Tales son las revoluciones, consecuencias necesarias de las evoluciones que las han precedido.

Las fórmulas proverbiales son muy peligrosas porque acostumbrando a repetirlas maquinalmente se pierde la costumbre de reflexionar. Por eso se repite con demasiada frecuencia la frase de Linneo: *Non facit saltus natura*. Sin duda la naturaleza no da saltos, pero cada una de sus evoluciones se lleva a cabo por un desplazamiento de fuerzas hacia un punto nuevo. El movimiento general de la vida en cada ser en particular y en cada serie de seres no nos muestra la existencia de una continuidad directa, sino, al contrario, una sucesión indirecta, revolucionaria, por así decirlo. La rama no es continuación de otra rama; la flor no es prolongación de la hoja, ni el pistilo de la estambrilla, y el ovario difiere de los órganos que le han dado vida. El hijo no es continuación del padre o de la madre sino un nuevo ser. El progreso se hace por un cambio continuo de puntos de partida, diferentes para cada ser. Lo mismo ocurre con las especies. El árbol genealógico de los seres, como el árbol propiamente dicho, es un conjunto de ramas en el que cada una halla su fuerza para vivir, no en la rama precedente sino en la savia originaria. Y las grandes evoluciones históricas no difieren de esta ley. Cuando los viejos cuadros, las formas demasiado estrechas de los organismos se tornan insuficientes, la vida se desplaza para realizarse en una nueva formación. Se ha efectuado una revolución.

II

❧ Revoluciones progresivas y revoluciones regresivas ❧ Acontecimientos complejos (simultáneamente progresivos y regre-
sivos) ❧ Falsa atribución del progreso a la
voluntad de un conductor o a la acción
de las leyes ❧ Renacimiento, Reforma y Revolución Francesa ❧

Sin embargo, las revoluciones no son necesariamente un progreso, lo mismo que las evoluciones no están siempre orientadas hacia la justicia. Todo cambia, todo se mueve en la naturaleza con un movimiento eterno, pero lo mismo puede haber un progreso que un retroceso y si las evoluciones tienden a un aumento de vida, hay casos en los que la tendencia es hacia la muerte. Detenerse es imposible, es preciso moverse en un sentido u otro y el reaccionario empedernido como el liberal conservador que se llena de espanto ante la palabra revolución, van sin embargo hacia una revolución, la última que constituye el gran reposo. La enfermedad, la senilitud, la gangrena, son evoluciones lo mismo que la pubertad. La invasión de gusanos a un cadáver, como el primer suspiro del niño, indican que una revolución se ha producido. La fisiología, la historia, están allí para demostrarnos que existen evoluciones hacia la decadencia y revoluciones que implican la muerte.

La historia de la humanidad, a pesar de no sernos conocida más que a medias durante un corto período de algunos millares de años, nos ofrece ya innumerables ejemplos de pueblos, ciudades e imperios que han perecido miserablemente tras lentas evoluciones, arrastrados hacia la muerte. Múltiples son los hechos de todos los órdenes que han podido determinar esas enfermedades de naciones, de razas enteras. El clima y el sol pueden haber empeorado, como ha debido suceder con las vastas extensiones del Asia central, de donde lagos y ríos han desaparecido y una eflorescencia salitrosa ha cubierto la tierra, en otro tiempo fértil. Las invasiones de hordas enemigas han destruido ciertas regiones de tal modo que la desolación perdurará por los siglos de los siglos. Otras naciones, no obstante, han podido florecer nuevamente después de la conquista y la destrucción, y hasta después de siglos de opresión: si un pueblo recae en la barbarie o muere es por defecto de su constitución íntima y no por circunstancias exteriores; en aquéllas es preciso buscar los motivos de la regresión y de la ruina. Existe una causa mayor, la causa de las causas, que resume la historia de la decadencia. Es la constitución social de forma que una parte de la humanidad sea dueña de la otra parte; es el acaparamiento de la tierra, de los capitales, del poder, de la instrucción y de los honores para unos cuantos solamente o para una clase aristocrática. En cuanto la multitud se halla en estado de imbecilidad y ha perdido la virtud de rebelarse contra el monopolio de un pequeño número de hombres, puede afirmarse que está, virtualmente muerta; su desaparición ya no es más que cuestión de tiempo. La peste negra llega inmediatamente para limpiar toda la inútil multitud de individuos sin libertad. Los grandes asesinos (vulgo guerreros) llegan de Oriente o de Occidente y las ciudades inmensas conviértense en desierto. Así murieron Asiria y Egipto; así desapareció Persia; y cuando todo el imperio romano pertenecía a unos cuantos propietarios, los bárbaros reemplazaron bien pronto al proletario esclavizado.

Todos los acontecimientos suelen ser a la vez un fenómeno de muerte y de vida, resultado de evoluciones de decadencia y de progreso. La caída del imperio romano constituye, en su inmensa complejidad, todo un conjunto de revoluciones, que corresponden a una serie de evoluciones de las cuales unas han sido felices y otras desgraciadas. Cierto es que para los oprimidos fue un gran paso la ruina de la formidable máquina aplastante que pesaba sobre el mundo, y no es menos cierto que, desde muchos puntos de vista, fue también una etapa feliz en la historia humana la entrada violenta de todos los pueblos del Norte en el mundo de la civilización. Muchos esclavos hallaron en la tormenta algo de libertad en contra de sus amos; pero en cambio las ciencias y las industrias perecieron las más y perdieron todas su importancia; se destruyeron las estatuas, se incendiaron las bibliotecas. La cadena de los tiempos se rompió, al parecer. Los pueblos renunciaban a su herencia de conocimientos. A un despotismo sucedió otro peor; de una religión muerta retoñaron los principios de otra religión nueva más autoritaria, más cruel y fanática que la anterior; y durante un millar de años, una noche de ignorancia e imbecilidad, propagada por los frailes, se esparció por toda la Tierra.

Otros movimientos históricos se presentan igualmente bajo dos aspectos, impulsados por los miles de elementos que los componen y cuyas múltiples consecuencias quedan señaladas en las transformaciones políticas y sociales. Por eso cada acontecimiento da lugar a juicios muy diversos que son correlativos de la amplitud de concepto y prejuicios del historiador que los aprecia. Así, por ejemplo, para citar un caso famoso, mencionaremos la creencia de que el florecimiento de la literatura francesa en el siglo XVII fue atribuida al genio de Luis XIV, porque este rey se hallaba en el trono en la época misma en que un gran número de hombres producían grandes obras en un lenguaje admirable. La mirada de Luis hizo nacer a Corneille. Es cierto que un siglo después nadie pretendió que los Voltaire, los Diderot, los Rousseau debieran igualmente su genio y su gloria a la mirada evocativa de Luis XV. En nuestro mismo tiempo, ¿no hemos visto al mundo británico postrarse de hinojos ante la reina rindiéndole homenaje por todos los faustos acontecimientos de su reinado, atribuyendo a sus virtudes los progresos realizados durante medio siglo, como si la gran evolución universal fuera debida a los méritos particulares de esta soberana? Sin embargo, esta mujer de valor mediocre no tuvo otra molestia que la de estar sentada en su trono durante sesenta largos años, obligada por la misma constitución que representaba a una abstención política que ha durado cerca de medio siglo. Muchos millones de hombres apiñados en las calles, amontonados en casas, fábricas y talleres pretendían que esta señora era el genio todopoderoso de la prosperidad inglesa. La hipocresía pública lo exigía así, tal vez porque la apoteosis oficial de la reina-emperatriz permitía a la nación adorarse a sí misma. No obstante, al clamor general no unían sus voces algunos individuos; y durante su reinado se vio a los irlandeses hambrientos enarbolar la bandera negra y en las ciudades de la India asaltar las multitudes los palacios y cuarteles.

Pero hay circunstancias durante las cuales el elogio del poder parece menos absurdo y hasta justificado a primera vista. Puede suceder que un buen rey, un Marco Aurelio, por ejemplo, un ministro de sentimientos generosos, un funcionario filántropo, un déspota bienhechor, en una palabra, ejerza su autoridad en provecho de una clase del pueblo, haga alguna cosa útil para todos, decrete la abolición de una ley funesta, beneficie a los oprimidos para vengarse del poderío de los opresores. Son coyunturas felices que por la condición misma del medio ambiente no se producen sino de un modo excepcional, porque los poderosos tienen más ocasiones que los otros para abusar de su situación, no teniendo ningún motivo para ser buenos en sí, y estando rodeados además por gentes interesadas en hacerles ver las cosas siempre falsamente. Aun cuando se pasearan disfrazados durante la noche, como Harun al Raschid, les sería imposible saber la verdad completa; contra su buen deseo sus actos parten siempre del error, desviados de su finalidad desde el punto de partida por la influencia del capricho, de las dudas y las falsedades voluntarias o involuntarias cometidas por los agentes encargados de realizar el bien.

Hay casos, sin embargo, en que la labor de los jefes, reyes, príncipes o legisladores resulta buena en sí, o al menos bastante aceptable; en estas circunstancias la opinión pública, el sentido común, la voluntad de abajo, han obligado a los jefes a hacer el bien, pero en estos casos la iniciativa de los jefes no es más que aparente; ceden a una presión que podría ser funesta y que esa vez resulta útil, porque las fluctuaciones de la multitud se producen con igual frecuencia en sentido progresivo que en sentido regresivo; con más frecuencia cuando las sociedades se hallan en estado de progreso general. La historia contemporánea de Europa, y de Inglaterra sobre todo, nos ofrece mil ejemplos de medidas equitativas que no provienen en modo alguno de la buena voluntad de los legisladores, sino que fueron impuestas por la multitud anónima: el promulgador de la ley que reivindica méritos ante la historia, no es en realidad más que un simple sancionador de decisiones tomadas por el pueblo; que es en estos casos el verdadero amo. Cuando las leyes sobre los cereales fueron abolidas por las Cámaras inglesas, los grandes propietarios, que con su voto se perjudicaban a sí mismos, se convirtieron en defensores del bien público contra su espontánea voluntad: no hicieron más que conformarse con las imposiciones directas de la multitud. Por otra parte, cuando en Francia, Napoleón III, aconsejado en secreto por Ricardo Cobden, estableció algunas disposiciones sobre el libre cambio, no estaba apoyado por sus ministros, ni por las Cámaras, ni por la generalidad de la nación: las leyes que hizo votar por orden no podían subsistir, y sus sucesores, confiando en la indiferencia del pueblo, aprovecharon la primera ocasión para restaurar la práctica del proteccionismo y casi de la prohibición, en beneficio de los grandes industriales y grandes propietarios.

El contacto de civilizaciones diferentes produce situaciones complejas en las cuales puede un espíritu superficial atribuir a un poder fuerte honores que no le corresponden ni remotamente siquiera. Así se elogia al gobierno británico por haber prohibido en la India los sutti o sacrificio de las viudas en el mismo fuego que consumía los cadáveres de sus esposos, cuando al contrario, tendríamos derecho para extrañarnos cómo las autoridarles inglesas han estado tantos años y tan sin motivo resistiéndose a los deseos de todos los hombres nobles de Europa y de la India misma, que veían con estupor que el gobierno se hacía cómplice de los crímenes de una turba inmunda de verdugos, amparándose en las instrucciones brahmánicas, desprovistas de toda sanción salvo los textos vedas, indudablemente falsificados. La abolición de tales horrores fue ciertamente un bien, aunque tardía; ¡pero cuántos males pueden atribuirse también al ejercicio mismo de ese poder tutelar, cuántos impuestos opresivos, cuántas miserias y cuántos hambrientos interceptando los caminos con sus cadáveres!

Todo acontecimiento, todo período histórico que ofrece un doble aspecto, es imposible juzgarlo en conjunto sin incurrir en el error. El ejemplo mismo del amanecer del Renacimiento que puso fin a la Edad Media y al largo sueño del pensamiento humano, nos demuestra que dos revoluciones pueden realizarse a un mismo tiempo: una, causa de decadencia, y la otra, de progreso. El período del Renacimiento, que descubrió los monumentos de la antigüedad, que descifró los libros y su enseñanzas, que salvó a la ciencia del oscurantismo y de las fórmulas supersticiosas y lanzó de nuevo a los hombres por el camino de los estudios desinteresados, tuvo también por consecuencia la paralización definitiva del espontáneo movimiento artístico que tan maravillosamente se había desarrollado durante el período de las comunidades y de las ciudades libres. Fue una repentina inundación, destruyendo la cultura de los campos inmediatos: hubo que empezarlo todo nuevamente y ¡cuántas veces la trivial imitación de lo antiguo tuvo que reemplazar obras que al menos tenían el mérito de ser originales!

El renacimiento de las ciencias y las artes fue acompañado paralelamente en el mundo religioso por esa escisión del cristianismo, a la que han dado el nombre de Reforma. Durante mucho tiempo se ha visto en esta revolución una de las crisis bienhechoras de la humanidad, resumida por la conquista del derecho de iniciativa individual, por la emancipación de los espíritus que los sacerdotes habían tenido durante tanto tiempo en una servil ignorancia: se creyó que en lo sucesivo los hombres serían dueños de sí mismos, iguales unos y otros, por la independencia del pensamiento. Pero hoy sabemos que la Reforma fue también la constitución de otra Iglesia autoritaria, enfrente de la Iglesia que hasta entonces había poseído el monopolio de envilecer las inteligencias. La Reforma desplazó las fortunas y prebendas en provecho de un poder nuevo, y de una y otra parte nacieron órdenes, jesuitas y contra jesuitas, para explotar al pueblo mediante formas nuevas. Lutero y Calvino, para las gentes que no participaban de su modo de ser, hablaron el mismo lenguaje de intolerancia feroz que Santo Domingo e Inocencio III. Como la Inquisición, establecieron el espionaje, el encarcelamiento y descuartizaron y quemaron con igual o mayor ferocidad que sus predecesores; sus doctrinas impusieron igualmente como principio la obediencia a los reyes y a los intérpretes de la palabra divina.

No hay duda que existe una diferencia entre el protestante y el católico; éste es más sencillamente crédulo, ningún milagro le extraña (hablo de los sinceramente creyentes); el otro elige entre los misterios y los sostiene con igual tenacidad, después de haberse pronunciado por uno que cree haber sondado. Ve en su religión una obra personal, como una creación de su genio. El católico, cuando acaba de creer cesa de ser cristiano. mientras que generalmente el protestante raciocinador no hace más que cambiar de secta cuando modifica sus interpretaciones de la palabra divina: continúa siendo discípulo de Cristo, místico incontrovertible. Los pueblos contrastan como los individuos, según la religión que profesan, y cuya esencia moral han penetrado más o menos. Los protestantes tienen ciertamente más iniciativa y más método en su conducta, pero cuando este método lo aplican al mal lo hacen con un rigor impío. Recuérdese si no el fervor religioso que los americanos del Norte emplearon para mantener la esclavitud de los africanos como institución divina.

Otro acontecimiento complejo fue el de la gran época revolucionaria, cuyas crisis sangrientas son la Revolución Americana y la Revolución Francesa. ¡Ah! ¡También entonces pareció que el cambio beneficiaba por entero al pueblo, y verdaderamente esas fechas históricas deben considerarse como el principio de una humanidad nueva! Los convencionales quisieron empezar la historia desde el primer día de su constitución, como si los siglos anteriores no hubieran existido y el hombre político pudiera contar su origen desde la proclamación de sus derechos. Cierto que este período es una gran época en la vida de las naciones; una esperanza inmensa se esparció entonces por todo el mundo; el pensamiento libre adquirió una extensión que jamás había tenido; las ciencias se renovaron, el espíritu de invención llegó hasta el infinito y nunca se vio un número tan grande de hombres, transformados por un ideal nuevo, hacer con mayor desinterés el sacrificio de la propia vida.

Sin embargo, esta revolución, según hoy tenemos ocasión de ver, no emancipó a todos los hombres, sino a una porción solamente; los derechos del hombre no pasaron del estado de teoría: la garantía de la propiedad individual que se proclamó al mismo tiempo convirtió en ilusorios tales derechos. Una nueva clase de poseedores avaros empezó la obra de acaparamiento; la burguesía sustituyó a la clase gastada, escéptica y pesimista, de la vieja nobleza, y con una ciencia y un entusiasmo que jamás habían tenido las antiguas clases directoras, se ocupó en explotar a la multitud desheredada. En nombre de la libertad, la igualdad y la fraternidad cometieron desde entonces toda clase de iniquidades. Napoleón arrastró tras de sí a un millón de asesinos con el plausible fin de emancipar al mundo; y para hacer la felicidad de sus queridas y respectivas patrias, los capitalistas fundaron vastas propiedades y organizaron las grandes industrias, establecieron poderosos y absorbentes monopolios y continuaron la esclavitud antigua bajo nueva forma.

De esta manera las revoluciones produjeron siempre un doble efecto. Puede decirse que la historia ofrece en todos los casos un anverso y un reverso, y cuantos no se satisfacen con palabras deben en consecuencia estudiar detenidamente los hechos con crítica severa e interrogar con intención a los hombres que pretenden ser defensores de la buena causa. No es suficiente gritar: ¡Revolución! ¡Revolución! para que inmediatamente sigamos detrás de cualquiera que tenga interés en arrastrarnos. Es natural, sin duda, que el ignorante obedezca a su instinto: el toro enloquecido se precipita sobre un trapo rojo, y el pueblo, siempre oprimido, se lanza contra cualquiera que se le designe como causante de su desgracia. Una revolución cualquiera es siempre buena cuando se produce contra un amo o contra un régimen; pero si de ella ha de surgir un nuevo despotismo, es cosa de preguntarse si no resulta preferible dirigida de otro modo. El momento de no emplear en estas luchas sino fuerzas conscientes, ha llegado ya; los evolucionistas, con perfecto conocimiento de lo que quieren realizar en la próxima revolución, no se entretendrán en la inicua tarea de sublevar a los descontentos y lanzarlos a una lucha sin finalidad, sin brújula.

Puede decirse que hasta nuestros días ninguna revolución ha sido razonada, y por esta causa ninguna tampoco ha completado el triunfo. Todos los grandes movimientos fueron, sin excepción, actos casi inconscientes de la multitud, movida por su instinto o arrastrada por interesados, y las ventajas obtenidas no han sido de verdad más que para los directores del movimiento. La Reforma fue producida por una clase y ella fue quien recogió las ventajas; la Revolución Francesa la hizo una clase y ella fue quien la explotó en su provecho, sometiendo a nueva tiranía a todos los desgraciados que tomaron parte en la lucha y procuraron la victoria. Y aun en nuestros días, el Cuarto Estado, olvidando a los campesinos, a los presos, a los vagabundos, a los desocupados, a los sin-clase, ¿no corre también el peligro de considerarse como una clase distinta y trabajar, no por la humanidad, sino para sus electores, sus cooperativas y sus administradores?

Por eso toda revolución tuvo su día siguiente. La víspera se empujaba al pueblo al combate; al día siguiente se le exhortaba a la prudencia; la víspera se le decía que la insurrección es el más sagrado de los deberes, y al día siguiente se le predicaba que el rey es la mejor de las Repúblicas o que el mayor de los heroísmos consistía en pasar tres meses de hambre en beneficio de la sociedad, o bien aún, que ninguna arma puede reemplazar a la papeleta electoral. De revolución en revolución, el curso de la historia parece el de un río contenido cada tanto por obstáculos. Cada gobierno, cada partido vencedor, ensaya a su turno dirigir la corriente a derecha o izquierda para llevarla a su campo o a sus molinos. La esperanza de los reaccionarios es que siempre será así y que el pueblo, como rebaño, se dejará eternamente desviar de su verdadero camino, empujado por soldados hábiles o por abogados charlatanes.

Ese eterno vaivén que nos enseña en el pasado la serie parcialmente abortada de revoluciones, la labor infinita de las generaciones que se suceden en la desgracia, dando vueltas sin parar a la roca que las aplasta; esa ironía del destino que nos enseña cómo los cautivos rompen sus cadenas para dejarse atar nuevamente, es causa de un gran trastorno moral, y hemos visto entre los nuestros, hombres que, al perder toda esperanza y cansados antes de haber luchado, se cruzaban de brazos, abandonándose al azar y olvidando a sus hermanos. No sabían lo que hacían o lo sabían a medias; no veían todavía los accidentes del camino que habían de seguir o bien creían ser transportados por la suerte, como el navío, al que un viento favorable empuja felizmente hacia el puerto de salvación; quisieron llegar al fin, no por el conocimiento de las leyes náturales y de la historia, ni por la tenacidad de su voluntad, sino por la suerte o por vagos deseos, pareciéndose en esto a los místicos que, convencidos de que pasean por la tierra, creen no obstante que los guía en su camino una estrella de las que brillan en el cielo.

Escritores que se complacen afirmando su superioridad y a quienes las agitaciones de la multitud sólo inspiran un soberano desprecio, afirman que la humanidad está condenada a moverse eternamente en un círculo sin salida. Según ellos, la multitud, incapaz de reflexionar jamás, estará siempre bajo el dominio de los demagogos, y éstos, según sus intereses, dirigirán las masas hacia el progreso o hacia el retroceso. En efecto, de la multitud de individuos apiñados unos contra otros se desprende fácilmente un alma común completamente subyugada por la misma pasión, dejándose arrastrar por los mismos gritos de entusiasmo, por las mismas vociferaciones, que no forman más que un solo ser, con mil gritos frenéticos de amor o de odio. En unos cuantos días o unas cuantas horas, el curso de los acontecimientos arrastra a la misma multitud a las manifestaciones más opuestas de apoteosis o de maldición. Los que de entre nosotros tomaron parte en las luchas de la Comuna de París conocen perfectamente esos movimientos de resaca de la ola humana.

Al partir hacia puntos de vanguardia se nos aclamaba con entusiasmo; lágrimas de admiración brillaban en los ojos de los que nos saludaban; las mujeres agitaban sus pañuelos con ternura. ¡Pero cuán diferente fue la acogida para los héroes de la víspera, al volver prisioneros entre dos filas de soldados, los que nos habíamos salvado de la metralla! En todos los barrios la multitud se componía de los mismos individuos, y, sin embargo, ¡qué diferencia en sus sentimientos y su actitud! ¡Qué ferocidad en sus imprecaciones de odio! ¡Mueran! ¡Mueran!, gritaban. ¡A la guillotina! ¡A la metralla!

Consignemos, no obstante, que hay multitudes distintas, y que según el impulso recibido por la conciencia colectiva, compuesta de miles de conciencias individuales, reconoce más o menos claramente la naturaleza de su emoción y si la obra realizada ha sido verdaderamente buena. Por otra parte, no se puede negar que el número de hombres que adquiere una individualidad independiente, con sus convicciones personales y su línea de conducta propia, aumenta en las mismas proporciones que el progreso humano. A veces estos hombres cuyas ideas concuerdan o al menos se aproximan unas a otras, son bastante numerosos como para constituir ellos solos asambleas, en las que las palabras y las voluntades aparezcan en perfecto acuerdo. Sin duda que los instintos espontáneos, los actos sin reflexión aún prevalecen, impónense en determinados momentos, pero éstos son cada día menos frecuentes, y la dignidad personal adquiere inmediatamente su salvadora preponderancia. Se han visto ya algunas de esas reuniones, respetuosas de sí mismas, bien diferentes de esas masas vociferantes que se envilecen hasta la bestialidad. En cuanto al número tienen la apariencia de la multitud, pero por su responsabilidad constituyen agrupaciones de individuos que continúan siendo ellos mismos por convicción personal, al mismo tiempo que comportan en conjunto un ser superior, consciente de su voluntad, decidido en la acción.

Con frecuencia se ha comparado a la multitud con los ejércitos que, según las circunstancias, se sienten empujados por la locura colectiva del heroísmo o dispersados por el terror pánico; sin embargo, en la historia misma no faltan ejemplos de hombres resueltos que lucharon hasta el fin con plena conciencia de su valor y de su fuerza.

En verdad, las oscilaciones de la multitud continuarán produciéndose durante mucho tiempo aún. ¿Pero en qué medida? Sólo los acontecimientos nos lo podrán decir. Para comprobar el progreso sería preciso saber en qué proporción, durante el curso de la historia, ha crecido el número de hombres que piensan y se trazan una línea de conducta, sin reparar en aplausos ni impropervios. Tan singular estadística es imposible, ni aproximadamente siquiera, porque hasta entre los innovadores se encuentran con lamentable frecuencia hombres que sólo lo son de palabra y que, careciendo de personalidad, se dejan arrastrar por los jóvenes, compañeros en ideas. Además, es grande también el número de los que, por petulancia y vanidad, fingen levantarse como bravos ante la tradición y la fuerza de los siglos y pierden tierra al menor contratiempo, cambiando de opinión y de lenguaje sin darse cuenta siquiera. ¿Quién será el hombre que actualmente, en una conversación sincera, no declare sustentar ideas más o menos socialistas? Por el solo hecho de procurar darse cuenta de los argumentos del adversario, se ve forzosamente obligado a comprenderlos, a participar de ellos en cierta medida, a tenerlos en cuenta en una concepción general de la sociedad, que responde así a su ideal de perfección. La lógica misma lo obliga a entrelazar las ideas de otro con las suyas.

Entre los revolucionarios debe producirse un fenómeno análogo; debemos esforzarnos para interpretar con exactitud y sinceridad todas las ideas de aquellos a quienes combatimos para hacerlas nuestras y darles el verdadero sentido revolucionario. Todos los razonamientos de nuestros interlocutores, atrasados con relación a las modernas teorías, deben clasificarse en el puesto que les corresponda en el pasado, no en el porvenir. Su estudio pertenece a la filosofía de la historia.

III

El período de puro instinto, no tiene razón de ser en nuestros días. Las revoluciones no se harán ya al azar, porque las evoluciones son cada día más conscientes y reflexionadas. En todos los tiempos el animal o el niño gritaron cuando se les ultrajó y contestaron con gestos o con golpes; la sensitiva misma cierra sus hojas cuando un movimiento la ofende; pero la lucha metódica y precisa contra la opresión está muy lejos de esas rebeldías espontáneas. Los pueblos veían en otros tiempos cómo los acontecimientos iban sucediéndose y no se preguntaban a qué orden superior obedecían; luego aprendieron a conocer el encadenamiento de los sucesos y a estudiarlos con inexorable lógica, empezando a saber que es necesario trazarse una línea de conducta para conquistarse a sí mismos. La ciencia social, que señala las causas de la esclavitud y al mismo tiempo los medios de emancipación, se va desprendiendo del caos de opiniones en litigio.

El primer hecho demostrado por esta ciencia es que ninguna revolución puede realizarse sin una evolución anterior. La historia antigua nos cuenta a millares el número de revoluciones de palacio, es decir, el cambio de un rey por otro, de un ministro por otro, de una favorita por un consejero o por un nuevo amo. Pero estos cambios, al no tener ninguna trascendencia social y al no aplicarse en realidad más que a simples individuos, podían hacerse sin que la masa del pueblo se preocupara en lo más mínimo de los acontecimientos ni de sus consecuencias: era suficiente hallar un sicario con un puñal bien afilado para que el trono fuera ocupado por otro. Sin duda que el capricho del rey podía entonces arrastrar a las multitudes de su país a aventuras imprevistas, porque el pueblo, acostumbrado a la obediencia y a la resignación, se conformaba con los mandatos de arriba: no emitía su opinión en ningún caso porque le parecían todos los asuntos superiores a su humilde competencia. Lo mismo sucedía en los países en que luchaban dos familias rivales con todos sus parciales de la aristocracia y la burguesía; después de la lucha se producían revoluciones aparentes: una conjura de asesinos favorecidos por la suerte cambiaba el centro del gobierno y modificaba el personal de éste; ¿pero qué importaba todo esto a los oprimidos? Más tarde, en los Estados cuya base se había ensanchado, y en los que las clases se disputaban la supremacía por encima de una multitud sin derechos, condenada anticipadamente a sufrir el peso de las leyes impuestas por la clase victoriosa, los combates en las calles y la erección de barricadas producían la proclamación de gobiernos provisionales en los que el pueblo tomaba ya alguna parte.

Actualmente esas luchas no son ya posibles en nuestras ciudades, convertidas en cuarteles, y las últimas revoluciones de esa clase no obtuvieron más que un éxito fugaz. Por eso en 1848 Francia no siguió a los que habían proclamado la República, por ignorar lo que significaba la palabra y lo que valía el régimen, y aprovechó la primera ocasión para volverse atrás violentamente. Los campesinos, a los que no se había consultado, y cuya masa respondió al movimiento de un modo confuso, indeciso, informe, demostraron claramente a cuantos estudian estos fenómenos históricos que su evolución no se había hecho y que no podían admitir una revolución que había nacido antes de tiempo. Apenas tres meses después de la explosión revolucionaria, la masa electoral restablecía el régimen tradicional, hacia el cual se sentía atraída su alma esclava: igual hacen las bestias de carga aguantando sobre su espalda dolorida el peso que las aplasta.

Lo mismo sucedió con la revolución de la Comuna, tan admirablemente justificada y hecha necesaria por las circunstancias. No podía evidentemente triunfar porque sólo la hacía la mitad de París y la secundaban algunas ciudades industriales: el reflujo la ahogó en un diluvio, pero diluvio de sangre.

Por consecuencia, no es suficiente el repetir las viejas fórmulas, vox populi, vox Dei, ni basta con pronunciar gritos de guerra y agitar al viento una bandera. La dignidad del ciudadano puede exigir de él en ciertas circunstancias que levante barricadas, defendiendo su pueblo o su libertad; pero debe saber y no olvidar nunca que por el efecto de las balas solamente no se resolverá jamás la más insignificante cuestión social. En la cabeza y en los corazones se ha de hacer la transformación antes de poner en tensión los músculos y de cambiarse en fenómeno histórico. Con todo, lo que resulta verídico respecto a la revolución progresiva lo es igualmente con relación a la regresiva. No puede negarse que un partido en el poder, que una clase en posesión de funciones, honores y dinero y de fuerza pública, puede hacer mucho mal y contribuir en cierta medida al retroceso de las gentes cuya dirección ha usurpado. Sin embargo, no aprovechará su victoria sino dentro de los límites trazados por el término medio de la opinión pública: hasta puede suceder que no le sea posible poner en vigor ciertas medidas y leyes promulgadas por asambleas, formadas según su deseo. La influencia del ambiente moral e intelectual se ejerce constantemente sobre el conjunto de la sociedad, lo mismo sobre los hombres ávidos de dominación que sobre la multitud resignada de esclavos voluntarios; y en virtud de esta influencia, las oscilaciones que tienen lugar a una y otra parte del centro no se alejan sino muy débilmente.

Sin embargo, y esto es una enseñanza de la historia contemporánea, el centro mismo varía incesantemente por efecto de miles de cambios parciales surgidos en el cerebro humano. Es, pues, en el individuo, o sea, en la célula primordial de la sociedad, donde hemos de buscar las causas de la transformación general con sus mil alternativas, según el tiempo y el medio ambiente. Si de un lado vemos al hombre aislado sometido a la influencia de la sociedad entera, con su moral tradicional, su religión y su política, de otro asistimos al espectáculo del individuo libre que, por insignificante que sea, en el espacio y el curso de las edades, consigue no obstante imponer su condición personal sobre el mundo que lo rodea y hasta modificado de un modo definitivo por el descubrimiento de una ley, por la realización de una obra, por la aplicación de un procedimiento o a veces por una hermosa expresión que el mundo no olvidará jamás. Distinguir en la historia las huellas de millares y millares de héroes que con su personalidad han contribuido de un modo eficaz al trabajo colectivo de la civilización, nos resultaría tarea fácil.

La inmensa mayoría de los hombres se compone de sujetos que quieren vivir sin esfuerzo, como viven las plantas, y que no hacen nada para reaccionar para bien o para mal contra el ambiente en el que están sumergidos como una gota de agua en el océano. Sin que pretendamos engrandecer aquí el valor propio de los hombres conscientes de sus actos y resueltos a emplear su fuerza en defensa de un ideal, nadie podrá negar que este hombre representa todo un mundo en comparación de otros mil que viven con el pensamiento adormecido sin la menor protesta interior, y que lo mismo se mueven en las filas de un ejército que en una procesión de peregrinos. En un momento dado, la voluntad de un hombre puede contener el desbordamiento y el pánico de todo un pueblo. En la historia de los acontecimientos se registran las muertes heroicas de muchos hombres generosos; ¡pero la misión de sus existencias consagradas al bien público fueron más importantes que el sacrificio de sus vidas!

Tratemos ahora de distinguir cuidadosamente, ya que equivocarse es fácil, quiénes son los mejores, con objeto de no incurrir en el pecado de atribuir este don a la aristocracia, tomado en el sentido usual. Muchos escritores y oradores, sobre todo los pertenecientes a la clase en la que se reclutan los detentadores del poder, hablan con fruición de la necesidad de crear para la dirección de las sociedades un grupo escogido cuyas funciones serán las mismas que las del cerebro en el organismo humano. ¿Pero qué grupo escogido ha de ser ese, inteligente y fuerte a la vez, en cuyas manos debe abandonarse el gobierno de los pueblos? Pues sencillamente un grupo compuesto de todos los que reinan y mandan, reyes, príncipes, ministros y diputados, ensoberbeci-

dos y orgullosos de sus propias personas, contestan a esto fútil-
mente: Nosotros somos los escogidos, representamos la sustancia cerebral del cuerpo político. ¡Amarga irrisión la pretendida y
arrogante superioridad de la aristocracia oficial al creer constituir
realmente la aristocracia de la inteligencia, de la iniciativa y de
la evolución intelectual y moral! Lo contrario es precisamente lo
cierto, o al menos lo que mayor verdad encierra; en muchísimas
ocasiones la aristocracia tuvo bien merecido el nombre de kakis-
tocracia con que Leopoldo de Ranke la trata en su historia. ¡Qué
puede decirse, por ejemplo, de esa aristocracia de prostituidos y
prostituidas que se apiñaba en los manicomios de Luis XV, y la
de la flor y nata de la nobleza francesa que recientemente, para
salvarse del incendio del Bazar de la Caridad, se abría paso a bas-
tonazos y patadas sobre la cara y el vientre de las mujeres!

Es cierto que los que disponen de medios de fortuna tienen
más facilidades que los demás para estudiar e instruirse, pero es
cierto también que tienen muchos más medios para pervertirse y
corromperse. Un sujeto adulado, como lo ha de ser siempre un
jefe, tanto si es emperador como si es encargado de taller, está
expuesto a ser siempre engañado y por consecuencia condenado
a no saber nunca apreciar las cosas en sus proporciones verdaderas. Está expuesto, sobre todo, por las facilidades que halla para
vivir, a no aprender a luchar contra el infortunio y a abandonarse
egoístamente esperándolo todo de los otros; su situación le empuja hacia la crápula elegante y grosera, mientras la turba de los
vicios se lanza alrededor de él como una bandada de chacales en
torno de una presa. Y cuanto más se degrada más grande se cree
ante sus propios ojos por las adulaciones interesadas: una vez
descendido hasta el bruto puede creerse Dios, y agitándose en el
cieno puede creerse en plena apoteosis.

¿Y quiénes son los que pretenden conquistar el poder para
reemplazar a esos privilegiados de la fortuna por un nuevo grupo
elegido, considerado grupo de la inteligencia? Un adversario del

socialismo, un defensor de eso que se llama buenos principios, M. Leroy-Beaulieu, nos ha hablado de esta nueva aristocracia en términos que, proviniendo de un anarquista, parecerían demasiado violentos y realmente injustos: Los políticos contemporáneos de todas las tallas y categorías -dice- desde el concejal de ayuntamiento hasta el ministro, representan en conjunto, salvo may rarísimas excepciones, una de las clases más viles, más limitadas de sicofantes y cortesanos que jamás haya conocido la humanidad. Su única finalidad es fomentar todas las bajezas y desarrollar todos los prejuicios populares, de los que están poseídos vagamente la mayor parte, porque ninguno ha consagrado un instante de su vida a la observación y a la reflexión.

Por lo demás, la prueba de que las dos aristocracias, la que representa el poder y la otra realmente compuesta de los mejores, no podrían confundirse nunca, nos lo demuestra la historia con páginas sangrientas. Considerados en conjunto, los anales humanos pueden definirse como el relato de una lucha eterna entre los que, habiendo sido creados en el rango de los que mandan, gozan de la fuerza adquirida por las generaciones, y los que nacen, llenos de entusiasmo y admiración, por las fuerzas creadoras. Los dos grupos de los mejores están en guerra, y la profesión histórica de los primeros fue siempre la de perseguir, la de esclavizar, la de matar a los otros. Los mejores, oficialmente, los dioses mismos, fueron los que clavaron a Prometeo en una roca del Cáucaso y desde esta época mitológica fueron siempre los mejores, los emperadores, Papas y magistrados, que encarcelaron, torturaron y quemaron a los innovadores que maldijeron sus obras. El verdugo estuvo siempre al servicio de esos buenos por excelencia.

En todas las épocas hallaron sabios prontos a defender su causa. Fuera de la multitud anónima que no piensa en nada y que acepta como buena la civilización tradicional, existen hombres de instrucción y talento que se convierten en voluntarios panegiristas de lo existente o en defensores del salto hacia atrás y cuyas concepciones no alcanzan más que a mantener la sociedad en su estado actual e invariable, como si fuera posible contener la fuerza de proyección de un globo lanzado en el espacio. Esos misoneístas que odian todo lo nuevo, no ven más que locos en los innovadores, en los hombres que piensan y tienen ideales, y llevan su amor por la estabilidad social hasta señalar como criminales políticos a todos los que critican las cosas existentes, a todos los audaces que se lanzan hacia lo desconocido.

Incongruentes en todo, declaran que cuando una idea nueva ha penetrado en el espíritu de las mayorías no hay otro remedio que admitirla para evitar que se imponga por la revolución. Pero mientras llega esta revolución inevitable piden que los partidarios del cambio sean tratados como criminales, que se castiguen hoy actos que serán mañana alabadas manifestaciones de la más pura moral. Esta clase hubiera hecho beber a Sócrates la cicuta, hubiera llevado a Juan Hus a la hoguera y decapitado a Babeuf, pues en nuestros días, Babeuf sería todavía un innovador.

A nosotros nos arrojan a todos los furores de la vindicta social no porque no tengamos razón, sino porque la tenemos demasiado pronto.

Bien hemos tenido ocasión de saber que nuestro siglo es el de los ingenieros y los soldados y que por lo tanto todo debe trazarse en línea recta. ¡Alineación! tal es la palabra de orden de esos pobres de espíritu que sólo ven la belleza en la simetría, y la vida, en la rigidez de la muerte.

IV

Ω Comprobación de la situación social contemporánea Ω Poder del capitalismo Ω Transformaciones aparentes de las instituciones y su regresión fatal Ω Estado, iglesia, magistratura, ejército, burocracia Ω Espíritu de cuerpo Ω Patriotismo, orden, paz social Ω

La emancipación de los trabajadores será obra de los trabajadores mismos, dijo la Internacional en su declaración de principios.

Esta expresión es verdadera hasta en su sentido más amplio. Si es cierto que los hombres llamados providenciales han pretendido siempre hacer la felicidad de los pueblos, no es menos cierto que todos los progresos humanos se han realizado gracias a la iniciativa de los revoltosos o de los ciudadanos ya emancipados. Es pues a nosotros a quienes directamente nos incumbe liberarnos, a los que continuamos oprimidos de cualquier modo que sea y nos hacemos solidarios de todos los hombres que sufren sobre la superficie de la Tierra. Pero para luchar es preciso saber. No es suficiente lanzarse furiosamente a la batalla como los cimbros o los teutones, mugiendo bajo la adarga o con un cuerno de auroch; ha llegado la hora de prever, de calcular las peripecias de la lucha y preparar científicamente la victoria que nos traerá la paz social. La condición principal para asegurar el triunfo es deshacernos de nuestra ignorancia. Hemos de conocer todos los prejuicios que se hayan de destruir, todos los elementos hostiles y obstáculos que se opongan a nuestro paso y además no desconocer ninguno de los recursos de que podamos disponer, ninguno de los aliados que la evolución histórica nos proporcione.

Queremos saber. No admitimos que la ciencia sea un privilegio y que los hombres colocados en lo alto de un monte como Moisés, sobre un trono como el estoico Marco Aurelio, sobre un Olimpo o un Parnaso de cartón, o sencillamente sobre un sillón académico, nos dicten leyes atribuyéndose un conocimiento superior de las leyes eternas. Es cierto que entre las gentes que hacen de pontífices por las alturas los hay que pueden traducir ajustadamente el chino, leer los cartularios de los tiempos merovingios y disecar el aparato digestivo de una rata; pero entre los nuestros los hay que saben hacer más y mejor, sin pretender por eso tener el derecho de mandarnos. Por otra parte, la admiración que sentimos por esos hombres no nos impide en modo alguno discutir con entera libertad las frases que se dignan dirigirnos desde las alturas de su imperio. No aceptamos ninguna verdad promulgada, queremos hacerla nuestra por el estudio y la discusión y sabemos desechar todo error, aunque aparezca garantizado con mil honrosas firmas. ¡Cuántas veces el pueblo ignorante ha tenido que reconocer dolorosamente que los sabios educadores no poseían otra ciencia que la de enseñarle a marchar hacia el matadero, entusiasmado y alegre, como los bueyes de fiesta coronados de guirnaldas y papel dorado!

Profesores forrados de diplomas nos han ponderado las ventajas que produciría un gobierno de altos personajes como ellos. Los filósofos, Platón, Hegel, Comte, han reclamado orgullosamente la dirección del mundo. Hombres de letras como Balzac y Flaubert, para no citar más que a los ya muertos, han reivindicado el derecho de los hombres de genio a la dirección política de la sociedad. ¡Que el destino nos libre de semejantes amos enamorados de su persona y llenos de desprecio hacia la vil multitud y hacia la inmunda burguesía! Fuera de su gloria nada tiene sentido; fuera de su camarilla todo son apariencias, sombras fugitivas. Y, sin embargo, en sus libros, por buenos que sean, nos demuestran esos genios que no son más que medianos profetas: ninguno de ellos tuvo sobre el porvenir una concepción tan amplia como el más insignificante proletario, y en sus escuelas jamás pudimos aprender a ser fuertes y buenos. En cuanto a esto, el más oscuro de cuantos luchan y sufren por la justicia puede enseñarnos más que ellos.

Por escaso que sea nuestro saber y limitados nuestros conocimientos históricos hemos llegado a comprender, con indiscutible exactitud, que los males que esta sociedad produce son infinitos y que no obstante es posible evitarlos. Los desastres continuos, que se repiten a diario, producidos por el régimen social, causan muchísimas más víctimas que cuantas ocasionan las revoluciones imprevistas de la naturaleza, inundaciones, tormentas, temblores de tierra y erupciones de volcán. Constituye un verdadero problema explicarse cómo los optimistas, los que a toda costa quieren que el existente sea el mejor de los mundos, pueden permanecer con los ojos cerrados ante la horrible situación en que viven millones y millones de seres humanos. Las diversas calamidades económicas o políticas, administrativas o militares, que pesan sobre las sociedades civilizadas -sin contar con las de las naciones salvajes- producen innumerables víctimas, y los afortunados a quienes no alcanza la desgracia hacen como que no se han enterado de esas hecatombes, procurando a todo trance vivir tranquilos, lejos de la verdad, como si todos los desastres humanos no fueran realidades tangibles que a todo el mundo alcanzan.

¿No es cierto que en Europa, algunos millones de hombres ataviados con el equipo militar, deben anular su pensamiento durante algunos años, adaptarse a las imposiciones del servilismo, subordinar toda su voluntad a la de un jefe y aprender a fusilar a padre y madre si cualquier déspota imbécil se lo exige? ¿No es cierto también que otros millones, funcionarios de más o menos categoría, viven igualmente esclavos, obligados a humillarse ante unos, a erguirse ante otros y hacer una vida convencional, completamente inútil para el progreso? Nadie ignora tampoco que todos los años millones de delincuentes, de perseguidos, de pobres, de vagabundos, de obreros sin trabajo, se ven encerrados en calabozos, sometidos a todos los tormentos de la soledad. Y como consecuencia de nuestras hermosas instituciones políticas y sociales es igualmente una dolorosa realidad que aún en nuestros días los hombres se odian de nación a nación, de casta a casta. La sociedad vive en tal desarreglo que, a pesar de los hombres generosos y de buena voluntad, el desheredado está expuesto a morir de hambre en medio de la calle, y el extranjero puede hallarse solo, completamente solo, sin un amigo, en una gran ciudad, donde miles de hombres que sin embargo pretenden ser hermanos, se agitan en todos sentidos. No es sobre un volcán, sino en el volcán mismo donde vivimos; en un infierno tenebroso, en el cual sin la esperanza de días mejores y la invencible voluntad de trabajar para la humanidad futura, no tendríamos otro remedio que dejarnos morir, como hacen miles de desesperados cuyo número aumenta anualmente de un modo alarmante.

Así, el estado social nos aparece por todos lados malo, y esto es para nosotros el mejor elemento para evolucionar. ¡Conocer el dolor!, tal es el precepto de la ley búdica. Nosotros tenemos perfecto conocimiento del sufrimiento. Lo conocemos tan bien que en los establecimientos fabriles ingleses la enfermedad recibe el nombre de juego: experimentar el dolor corporal no es más que un juego para el esclavo acostumbrado al trabajo forzado de la fábrica (1). Pero ¿cómo escapar al sufrimiento, o sea, al segundo estado del conocimiento según Buda? Empezamos ya a saberlo gracias al estudio del pasado. La historia, por muy lejos que nos remontemos en la sucesión de las edades, por diligentes que seamos estudiando a nuestro alrededor las sociedades y los pueblos bárbaros o civilizados, nos dice siempre que toda obediencia es una abdicación, que todo servilismo es una muerte anticipada; nos dice también que todo progreso se ha efectuado en relación con la libertad, la igualdad y el buen acuerdo entre los ciudadanos; que todo siglo de descubrimientos fue un siglo durante el cual el poder religioso y el político estuvieron debilitados por la oposición y en el que la iniciativa individual había escapado a la opresión como esas matas de hierba que crecen entre las piedras de un palacio abandonado. Las grandes épocas del pensamiento y del arte que se suceden con largos intervalos durante el curso de los siglos, la época ateniense, la del Renacimiento y del mundo moderno, tomaron siempre la savia original en períodos de lucha incesante y de continua anarquía que ofrecían a los hombres enérgicos ocasión de combatir en defensa de la libertad.

Por atrasada que esté todavía nuestra ciencia de la historia, hay un hecho innegable que predomina en toda la época contemporánea y constituye la nota característica esencial de nuestra edad: el poder omnipotente del dinero. No hay, ni siquiera en el fondo de las más oscuras aldeas, un rústico que no conozca el nombre de uno de los potentados de la fortuna, cuyo poder es mayor que el de los reyes y los príncipes, y todos lo conciben en forma de Dios, imponiendo su voluntad al mundo entero. Y el ingenuo campesino no se equivoca. ¿No hemos visto recientemente algunos banqueros judíos o cristianos pagarse el delicado placer de jugar con las seis grandes potencias, de hacer maniobras a los embajadores y a los reyes y hacer firmar en las cortes de Europa las notas que ellos habían redactado en sus despachos? Ocultos en el fondo de sus palacios, impusieron a los pueblos la representación de una inmensa comedia, animada alegremente con bombardeos y batallas, amenizada con sangre. Actualmente saborean la satisfacción de tener establecidas sus oficinas en los despachos de los ministros, en las cámaras secretas de los reyes, desde donde dirigen a su antojo la política de los Estados por la necesidad de su comercio. Son amos de Grecia, Turquía y Persia; han puesto a China a disposición de sus empréstitos y se disponen a tomar en arriendo todos los demás Estados, pequeños y grandes. No quieren ser reyes ni príncipes, pero son los acaparadores del dinero, símbolo ante el cual se postergan todo el mundo.

Otro hecho histórico evidente se impone a la conciencia de todos los que estudian. Este hecho, causa de que todos los hombres de más buena voluntad que razón pierdan los bríos que para la lucha se necesitan, es que todas las instituciones humanas, todos los organismos sociales que no evolucionan, deben, en virtud de su estacionamiento, dar origen a conservadores de uso y abuso, a parásitos, a explotadores de toda especie, que se convierten en focos de reacción en el conjunto de las sociedades. Lo mismo si las instituciones son muy antiguas y para conocer sus orígenes es necesario remontarse a los más remotos tiempos o a la época de las leyendas y los mitos, que si nacieran de alguna revolución popular, producirán todas, en la proporción de su intensidad y fuerza, el mismo fenómeno de momificación en las ideas, de paralización de las voluntades, de supresión de libertad, de muerte para las iniciativas.

La contradicción entre las circunstancias revolucionarias que crearon la institución y su modo de funcionar es a menudo chocante; los efectos producidos son, casi siempre, absolutamente contrarios a la idea que tuvieron sus infelices fundadores. Al nacer, se gritaba: ¡Libertad!, ¡libertad!, y el himno de Guerra a los tiranos sonaba en las calles con desbordamiento de fe y entusiasmo; pero los tiranos, protegidos por la rutina en que se han informado siempre los actos colectivos, han encontrado una grieta para meterse en el movimiento, y con su espíritu de regreso invaden gradualmente toda institución. Cuanto más tiempo vive ésta, más temible se hace porque llega hasta pudrir el suelo sobre el que se reposa y apesta la atmósfera que la rodea. Los errores que consagra, la perversión de ideas y sentimientos que justifica y recomienda, toman tal carácter de retroceso y santidad, que apenas si hay un audaz bajo su dominio que intente atacarla. Cada siglo acrecienta la autoridad, y si al cabo sucumbe, como todo, en el infinito del tiempo, es porque vive en perpetuo desacuerdo con el conjunto de hechos nuevos que surgen a su alrededor.

Tomemos por ejemplo la primera de todas las instituciones, la realeza, que precedió hasta al culto religioso y a la existencia del hombre, ya que existió en algunas tribus animales; tomó cuerpo en los espíritus la necesidad de un rey y esta necesidad ha perdurado a través de los tiempos. ¡Cuán numerosos eran en Francia los individuos que se creían haber nacido para querer y adorar al rey en la época misma en que La Boétie escribía su Servidumbre Voluntaria, obra admirable de lógica, honradez y sencillez! Yo recuerdo todavía el estupor que la proclamación de la República produjo entre los campesinos en 1848: Nos es preciso un rey, repetían llenos de anhelo; y en efecto, no tardaron en tener el amo, sin el cual no podían imaginarse que fuera posible la vida social. Su mundo político tenía que ser a imagen y semejanza de su mundo familiar, en el cual reivindicaban la autoridad, la fuerza y hasta la violencia. De una parte la fascinación de los diversos ejemplos de los reyes, y de otra la herencia de servilismo que tan difícilmente se elimina de la sangre, los nervios y el cerebro, tenían sus ojos tan cerrados a la razón que, a pesar de los hechos realizados, no podían admitir esta revolución de las ciudades cuya trascendencia moral no había llegado a las poblaciones rurales.

Afortunadamente los reyes mismos se han encargado de destruir su antigua divinidad. Ya no se mueven en un mundo desconocido por el vulgo, sino que, descendidos del imperio, se presentan bien a su pesar, con todo su fárrago de imbecilidades, de caprichos, de pobrezas y ridiculeces; actualmente se los ve y se los puede estudiar por todos sus lados y bajo todos los aspectos. Como cualquier mortal, podemos verlos en fotografías y sorprenderlos con nuestras instantáneas, someterlos a los rayos catódicos para estudiar hasta sus vísceras. Han cesado de ser reyes para convertirse en simples hombres, quedando expuestos a las adulaciones bajamente interesadas de unos y al odio, la risa y el desprecio de otros. Por eso para dar vida a la monarquía es preciso hacer en su defensa grandes esfuerzos. Hay que presentar a los reyes como soberanos responsables, como ciudadanos que personifican con su majestad la mejor de las Repúblicas y con todos esos enjalbegamientos exteriores del régimen monárquico pueden sostenerlos en ciertas regiones durante muchísimos años, lo cual prueba por sí solo la lentitud de las evoluciones que producen revoluciones parciales, y han de preceder por ley fatal de la historia, a la revolución completa y lógica que llevará a nuestra especie a la libertad. Bajo todas sus transformaciones, el Estado, aunque fuera popular, tiene como principio un defecto de origen, la autoridad caprichosa de un jefe y por consecuencia la disminución o pérdida completa de la iniciativa del individuo. El Estado ha de ser necesariamente representado por hombres, y estos hombres, en virtud de hallarse en posesión del poder y por la definición misma de la palabra gobierno bajo la cual se amparan, tienen más campo abierto a sus pasiones que la multitud de gobernados.

Otras instituciones, las de los cultos religiosos, han adquirido una ascendencia tal sobre los espíritus, que muchos historiadores, libres de apasionamientos, han creído en la imposibilidad absoluta de que los hombres puedan emanciparse de tan ominosa tutela. En efecto, la imagen de Dios, que la ignorancia popular ve resplandecer en lo más alto del cielo, no es cosa fácil de derribar. Por más que en el orden lógico del desarrollo humano la organización religiosa haya seguido el movimiento político y que los sacerdotes se hayan convertido en jefes, porque toda imagen supone una realidad primera, no obstante, la altura suprema en que habían colocado esta ilusión, para hacerla inaccesible a la razón inicial de toda autoridad terrestre, le daba un carácter augusto por excelencia. Los creyentes se dirigieron siempre a un poder soberano y misterioso, al Dios desconocido, y en un estado de temor pavoroso que anulaba toda idea, todo espíritu de crítica y juicio personal, la adoración fue, y es aún hoy, el único sentimiento que los sacerdotes consintieron a los fieles.

Para tomar posesión de sí mismo, para recuperar el derecho de pensar con libertad y conquistar la independencia de hombre libre -herético o ateo- tenía que luchar con energía, reconcentrando todos los esfuerzos de su ser, y la historia nos dice lo que costó esta evolución durante las épocas sombrías de la dominación eclesiástica. Actualmente la blasfemia no es el crimen de los crímenes; pero el antiguo atavismo, transmitido por herencia, flota todavía en el espacio a los ojos de la multitud.

Su influencia perdura aunque modificándose cada día y adaptándose a las dudas de las ideas modernas hace suyos los descubrimientos científicos, por más que exteriormente tenga la audacia de despreciarlos y envilecerlos. Todos esos cambios de costumbres ayudan a la Iglesia y a todos los cultos religiosos al mismo tiempo a mantener su autoridad sobre los espíritus, haciendo sabias mixturas entre las viejas mentiras y las verdades nuevas. Los pensadores no deben olvidar jamás que los enemigos del pensamiento son al mismo tiempo, por la lógica de las cosas, los enemigos de toda libertad. Los autoritarios están perfectamente de acuerdo en que la religión es la llave del arco que fortalece su templo: ¡El Sansón popular debe derribar las columnas que lo sostienen!

¿Qué diremos de las instituciones de justicia? Sus representantes, al igual que los sacerdotes, se llaman infalibles; y la opinión pública, aunque unánime, no puede arrancarles una víctima cualquiera, injustamente condenada. Los magistrados odian al hombre que sale de la cárcel y puede reprocharles justamente su infortunio y el peso infamante de la reprobación social que monstruosamente echaron sobre su espalda. Sin duda que no pretenden que la divina inspiración ilumine su entendimiento; pero la justicia, por más que sea una simple abstracción, ¿no es considerada como una diosa y su estatua se levanta en los palacios? Como los reyes, que en otro tiempo fueron absolutos, los magistrados han tenido que sufrir alguna restricción en su majestad. En nuestros días sus dictados se pronuncian en nombre del pueblo, pero so pretexto de que defienden la moral, se hallan igualmente investidos de suficiente poder para ser criminales ellos mismos, condenando a un inocente a presidio o dejando en libertad a un potentado facineroso. Disponen de la espada de la ley y de la llave del calabozo; es un placer para ellos el torturar material y moralmente a los detenidos por la prisión preventiva, por las amenazas y las promesas pérfidas del acusador, llamado Juez de Instrucción; ellos levantan la guillotina y oprimen el tornillo del cadalso; educan al policía, al soplón, al cobrador del impuesto sobre la prostitución, y ellos son también los que forman, en nombre de la defensa social toda esa odiosa infamia de la baja represión, que es lo más ruin y corrompido que puede existir en la basura y el cieno.

En lo que respecta a otra institución, el ejército, veamos lo que ocurre. En todos los países donde el espíritu de libertad sopla con bastante fuerza como para que los gobernantes consideren necesario el engaño, el ejército es presentado como pueblo armado (!) Pero hemos aprendido, por dura experiencia, que si el personal de los soldados se ha renovado, el cuadro continúa siendo el mismo, y el principio no ha variado. Los hombres no se compran directamente en Suiza o Alemania; los soldados de hoy no son lansquemetes y reítres (2), ¿pero son acaso más libres? ¿Las quinientas mil bayonetas inteligentes de que se compone el ejército de la República francesa tienen el derecho de manifestar esa inteligencia cuando el cabo, el sargento o cualquier otro jefe grita: -Silencio en las filas?

Y no es sólo la lengua lo que ha de enmudecer, sino también el pensamiento. ¿Qué oficial, salido de la escuela o de las filas, noble o burgués, toleraría que en la multitud alineada ante él germinara una idea diferente a la suya? En su voluntad reside la fuerza colectiva de toda esa masa que se mueve o se detiene con un gesto, un ademán o una mirada. El jefe manda, y sin vacilación ni duda es preciso obedecer. ¡Apunten! ¡Fuego! y no hay más remedio que tirar sobre los chinos, los negros, los árabes del Atlas o los habitantes de París, amigos o enemigos. ¡Silencio en las filas! Y si cada año el nuevo contingente que el ejército devora debiera inmovilizarse como la disciplina ordena, ¿no sería vana esperanza creer en mejorar el régimen bajo el cual perecen moral y materialmente cuantos a él se someten?

El emperador Guillermo dice: Mi flota, y aprovecha todas las ocasiones para decir a sus soldados que son objetos suyos, en propiedad física y moral, y no deben detenerse un momento en matar a su padre o a su madre si él, el amo, les señala como blanco esos seres queridos. Ese es el lenguaje del tirano; pero sus palabras monstruosas tienen el mérito de expresar lógicamente el concepto autoritario de una sociedad instituida por Dios.

Si en los Estados Unidos o en la libre Helvetie el general procura con prudencia no repetir las arengas imperiales, no por eso dejan de ser su norma de conducta en lo íntimo de su corazón, y cuando llega el momento de aplicarlas, no duda un instante. En la gran República americana, el presidente Mac Kinley lleva al rango de general a un héroe que aplica a los prisioneros filipinos la tortura del agua y que ordena fusilar en la isla de Samar a todos los niños de más de diez años; y en el pequeño cantón suizo de Uri, otros soldados imponen el orden disparando sus fusiles sobre sus hermanos los obreros. En cualquier país del mundo el hombre no puede hacer esfuerzos para convertirse en dueño de sí mismo, porque lesiona su dignidad moral, su voluntad y su iniciativa la cruel imposición de tener que sufrir durante algunos años un género de vida que soporta todas las groserías e insultos que puedan ocurrírsele a un galoneado y la obligación de matar a los suyos si así se lo ordenan. El soldado que ha conseguido callarse durante tres o más años, vuelve a su casa libre de todo castigo aparente, pero trae en el fondo de su alma, las más de las veces, hábitos de esclavitud que le hacen más inútil para la sociedad que si hubiera ido a una colonia penitenciaria; la imposición del silencio y la obediencia han hecho enmudecer su dignidad y su cerebro.

Como la magistratura y el ejército son las demás instituciones, llámense liberales, protectoras o tutelares. Por su funcionamiento mismo ¿no son malhechoras, autoritarias y abusivas? Algunos escritores cómicos se han burlado de las estulteces del gobierno y de la administración gubernativa, pero por risibles que resulten éstas, sus efectos son siempre funestos porque producen víctimas con frecuencia inconscientemente, como consecuencia de un estado de cosas en completo desacuerdo con la naturaleza y con la vida. Además de otros muchos elementos corruptores, favoritismo, papelerío, insuficiencia de ocupación útil, el hecho de haber instituido, reglamentado, llenado de trabas, multas, gendarmería y carceleros el conjunto más o menos incoherente de concepciones políticas, religiosas, morales y sociales de hoy para imponerlas a los hombres de mañana; este hecho absurdo en sí, no puede producir más que consecuencias contradictorias y desgraciadas. La vida, en la que surgen incidentes imprevistos continuamente y que sin cesar ha de renovarse, no se puede adaptar a condiciones elaboradas para un tiempo que pasó a la historia. No sólo la complicación y el enredo de los engranajes hacen imposible o retardan la solución de los más sencillos problemas, sino que toda la máquina cesa a veces de funcionar cuando los asuntos de gran importancia exigen su funcionamiento, y en estos casos han de vencerse las dificultades por golpes de Estado: los soberanos, los poderosos, se lamentan de que la legalidad los mata y se salen de ella bravamente para entrar en el derecho. El éxito legitima sus actos a los ojos de la historia; el fracaso los coloca entre los facinerosos. Lo mismo sucede con las multitudes o grupos de ciudadanos que destruyen reglamentos y leyes en un momento de revolución: la posteridad los consagra como a héroes sublimes. La derrota les hubiera convertido en bandidos.

Antes de existir como emanación del Estado y de haber recibido la consagración de manos de un príncipe o por el voto de los representantes del pueblo, las instituciones en formación son ya peligrosas; todas procuran su engrandecimiento en detrimento de la sociedad, constituyendo un monopolio en provecho propio. Así sucede que el espíritu de cuerpo, entre gentes que salen de la misma escuela con diploma, convierte a los camaradas, por honestos que sean, en otros tantos conspiradores inconscientes, unidos para su bienestar particular y contra el bien público, y convertidos en hombres de rapiña que saquearán a cualquiera para repartirse la presa. Ved si no a los futuros funcionarios en el colegio, con el quepis numerado, o en algunas universidades con gorras verdes o blancas: quizás no hayan jurado al ponerse el uniforme como en el ejército y la magistratura; pero no obstante obran como éstos, según el espíritu de casta, resueltos siempre a tomar la mejor parte. Intentad romper el monomio de los viejos politécnicos, a fin de que un hombre de mérito pueda ocupar un puesto en sus filas y llegar a partir con ellos las mismas funciones: ¡el más poderoso ministro no lo podría conseguir! Un intruso no se admite ni se tolera de ningún modo. Que un ingeniero, fingiendo conocer su profesión, a duras penas aprendida, construya puentes cortos, túneles bajos o muros demasiado débiles, poco importa; lo esencial es que haya salido de la Escuela, que haya tenido el honor de haber sido de la clase.

La psicología social nos enseña que es preciso desconfiar del gobierno establecido y del que pueda establecerse. Es también interesante el examen de lo que representan en la práctica las palabras de apariencia anodina y que tienen el poder de seducir, como por ejemplo, patriotismo, orden, paz social. Sin duda alguna el amor al suelo en que uno ha nacido es un sentimiento natural y simpático. Nada más agradable para el desterrado de su país que el oír hablar la lengua materna, que le recuerda la tierra de su nacimiento. Y el amor del hombre no se dirige solamente hacia el lugar de su nacimiento, sino que se extiende también a la lengua con que le cantaron en la cuna y hacia los hijos del mismo suelo de cuyas ideas, sentimientos y costumbres participa; y en fin, si su alma es noble se sentirá acogido de un gran fervor y pasión de solidaridad por todos aquellos cuyos sentimientos y necesidades le son conocidos. Si esto fuera el patriotismo, ¿qué hombre de corazón dejaría de ser patriota? Pero la palabra patriotismo oculta siempre un significado muy distinto al de comunidad de sentimientos (Saint- Just) o al de ternura y amor al país de sus padres.

Por un extraño contraste jamás se habló de patria con tan afectado entusiasmo como en estos tiempos, cuando el concepto va desapareciendo ante el avance de otro más noble, grande y hermoso: el de la gran patria, la patria de la Humanidad. Por todas partes no se ven más que banderas. Las clases directoras hablan de patriotismo a boca llena, al mismo tiempo que colocan sus fondos en el extranjero y trafican en Viena y Berlín, lo cual les reporta pingües beneficios, explotando hasta los secretos de Estado. Los sabios mismos, olvidando que en otro tiempo quisieron constituir una República internacional, hablan ahora de ciencia francesa, de ciencia alemana, de ciencia italiana, como si fuera posible estacionar entre nuestras fronteras, bajo la égida de la guardia civil, el conocimiento de las cosas; establecer el proteccionismo para la ciencia como para los nabos y el cañamazo. Pero en proporción de esa misma restricción intelectual de los sabios se ensancha el pensamiento de los modestos y de los estudiosos. Los hombres de arriba limitan su dominio y su esperanza a medida que nosotros, los revolucionarios, tomamos posesión del universo y engrandecemos nuestros corazones. Nosotros nos sentimos hermanos de todos los seres de la Tierra, lo mismo de los americanos que de los europeos; así de los africanos, como de los asiáticos y australianos; empleamos el mismo lenguaje para reivindicar los mismos intereses, y aproximamos el momento en que, poseídos del mismo entusiasmo y la misma táctica, baste una sola palabra para levantarse nuestro ejército a un mismo tiempo en todos los rincones del mundo.

En comparación con este movimiento universal, el patriotismo no puede ser otra cosa que una funesta regresión desde todos los puntos de vista. Es preciso ser inocente entre los inocentes para ignorar que el catecismo del ciudadano, predicando el amor de la patria para servir el conjunto de los intereses y los privilegios de las clases directoras, no hace sino fomentar el odio de nación a nación entre los débiles y los desheredados. Con la palabra patriotismo y los comentarios modernos con que se la adorna, se encubren las viejas prácticas de servil obediencia a la voluntad de un jefe y la abdicación completa del individuo frente a las gentes que detentan el poder, sirviéndose de la nación como fuerza ciega. Las palabras orden y paz social suenan también en nuestros oídos con hermosa sonoridad, pero nosotros queremos saber cómo esos apóstoles de gobierno entienden el significado de estas palabras. Sí, la paz y el orden son un gran ideal digno de ser realizado pero con una condición, no obstante; y es que esta paz no sea la del cementerio y el orden el de Varsovia. La paz futura, la que nosotros anhelamos, no debe fundarse en la dominación indiscutible de unos y el servilismo sin esperanza de los otros, sino en la verdadera y franca igualdad entre compañeros.

Notas
(1) Ruskin, Tho Crown oo Wild Olive.
(2) Soldados alemanes de los siglos XVI y XVII.

V

꿇 EL IDEAL EVOLUCIONISTA, EL FIN REVOLUCIONARIO 꿇 PAN PARA TODOS 꿇 LA POBREZA Y LA LEY DE MALTHUS 꿇 SUFICIENCIA Y SUPERABUNDANCIA DE RECURSOS 꿇 IDEAL DEL PENSAMIENTO, DE LA PALABRA, DE LA ACCIÓN LIBRES 꿇 ANARQUISTAS, ENEMIGOS DE LA RELIGIÓN, DE LA FAMILIA Y DE LA PROPIEDAD 꿇

El objeto primordial de los evolucionistas concienzudos y enérgicos debe ser conocer a fondo la sociedad que reforman con su pensamiento; en segundo lugar deben procurar darse cuenta exacta de su ideal revolucionario. Y este estudio debe ser tanto más escrupuloso cuanto más amplio es para el porvenir el ideal que se defiende, porque todos, amigos y enemigos, saben que no se trata de pequeñas revoluciones parciales, sino de una revolución general que transforme el conjunto de la sociedad en todas sus manifestaciones.

Las condiciones mismas de la vida nos fijan el punto capital. Los gritos y lamentaciones que salen de los campos, de las chozas, de los sótanos, de los tugurios, nos lo repiten incesantemente: ¡Pan, pan; queremos pan! Toda otra consideración pierde importancia ante esta expresión colectiva de la necesidad primordial de todos los seres vivos. Siendo imposible la existencia misma si el instinto de alimentación no se satisface, es preciso llenar esta imperiosa necesidad, pero satisfacerla para todos, porque la sociedad no puede dividirse en dos partes, una de las cuales haya de continuar sin el derecho a la vida. Hace falta pan y esta expresión debe tomarse en el sentido más amplio, es decir reivindicando para todos los hombres no sólo los alimentos, sino su parte de alegría, con todas las satisfacciones materiales útiles a la existencia; con todas las necesidades que la fuerza y la salud física necesitan para su desarrollo. Según la expresión de un poderoso capitalista, a quien sin embargo atormenta el deseo de implantar la justicia, es preciso igualar el punto de partida para todos los que han de hacer el recorrido de la vida.

Con frecuencia nos preguntamos cómo los hambrientos, tan numerosos en todas las épocas, han podido soportar durante tantos siglos y soportan aun hoy las dolorosas angustias del hambre, consintiendo que sus cuerpos se debiliten hasta la inanición. La historia del pasado nos lo explica. Es que, en efecto, durante el período del aislamiento primitivo, cuando las familias poco numerosas o las tribus débiles tenían que hacer grandes esfuerzos por la vida y no podían invocar el lazo de la solidaridad humana, ocurría con frecuencia, y hasta muchas veces durante la existencia de una sola generación, que los productos no eran suficientes para satisfacer todas las necesidades del grupo. En este caso, ¿qué podían hacer sino resignarse, acostumbrarse lo mejor posible a vivir de hierbas y cortezas, a soportar largos ayunos esperando que la marea aportara el pescado, que la caña creciera en el bosque y que en la tierra ingrata germinara otra cosecha?

Así los pobres se acostumbraron al hambre. Esos hambrientos que vemos errar melancólicamente por delante de las cocinas y los escaparates de hoteles y rotiserías obedecen inconscientemente a la moral de la resignación, que tuvo razón de ser en la época en que el destino ciego hería al hombre de un modo irreparable y fatal. Esta moral no debe existir en una sociedad de abundancia y al lado de hombres que han escrito la palabra Fraternidad en todas partes y que no cesan de ponderar sus sentimientos de filantropía. No obstante, el número de desgraciados que se deciden a alargar la mano para tomar la comida expuesta a los ojos del transeúnte es insignificante todavía; y es que la debilidad física producida por el hambre aniquila la voluntad, destruye la energía y mata toda iniciativa. Por otra parte, la justicia actual es bastante más severa con los que se atreven a robar un pedazo de pan de lo que lo era la antigua justicia con los ladrones y asesinos. Nuestra moderna Temis ha puesto un pan de trescientos gramos en la balanza y ha convenido en que pesa tres años de presidio.

¡Siempre habrá pobres entre vosotros!, repiten con frecuencia los satisfechos, sobre todo los que conocen los textos sagrados y les gusta pronunciar con acento doliente melancólicas sentencias... ¡Siempre habrá pobres entre vosotros! ... Esta expresión ha sido pronunciada por Dios, dicen los felices, y la repiten ellos poniendo los ojos en blanco, hablando con el fondo de la garganta para dar a su entonación mayor solemnidad. Y por esta apócrifa expresión, que suponen divina, creyeron los desheredados, en los tiempos de su pobreza intelectual, que todos sus esfuerzos serían estériles para llegar a su bienestar; sintiéndose perdidos en este mundo, volvieron los ojos hacia otro mundo más allá. Durante muchos siglos, de un modo vago, como la ignorancia siente todas las cosas, ha sido para los desgraciados motivo de consuelo el creer en el cielo: Moriremos de hambre y de dolor en este valle de lágrimas; pero en el cielo, al lado de Dios, donde el sol bienhechor acariciará tibia y eternamente nuestras frentes y la Vía Láctea nos servirá de alfombra, no tendremos necesidad de comer y sí en cambio la inmensa alegría vengadora de oír aullar a nuestros tiranos de hoy, roídos por el tormento y el hambre, por los siglos de los siglos. Actualmente hay aún muchos desgraciados que se dejan conducir por estos vaticinios, pero la mayor parte, al volverse más sabios, fijan sus miradas en el pan de esta tierra, que asegura la vida material, que crea carne y sangre, y reclaman su parte, enterados de que su derecho está justificado por la abundancia de riquezas que existen en la Tierra.

Las alucinaciones religiosas, cuidadosamente conservadas por los sacerdotes interesados, han perdido ya el poder para desviar a los hambrientos (aunque sean éstos cristianos) del camino de la conquista de ese pan que en otro tiempo se pedía a la benevolencia caprichosa del Padre que está en los cielos. Pero la economía política, pretendida ciencia, ha recogido la herencia de la religión, predicando a su vez que la miseria es inevitable y que si los pobres mueren de hambre la sociedad no puede ser de ningún modo responsable. Ver de un lado la multitud de desgraciados hambrientos y del otro unos cuantos privilegiados comiendo según su apetito y vistiendo según su capricho y hacer creer ingenuamente que no puede ser otra cosa, tal es la misión de la moderna economía política. Es cierto que en tiempo de abundancia sería posible partir y que en momentos de escasez todo el mundo podría racionarse de común acuerdo, pero tal modo de obrar supone una sociedad estrechamente unida por los lazos fraternales de la solidaridad. Este comunismo espontáneo no parece por ahora posible, y el pobre ingenuo que cree cándidamente, según el decir de los economistas, en la insuficiencia de productos, debe aceptar por consecuencia con toda resignación su infortunio.

Lo mismo que los pontífices de la ciencia, las víctimas del mal funcionamiento social repiten, cada uno a su manera, la terrible expresión contenida en la ley de Malthus: El pobre está de sobra. Esta fórmula que como axioma matemático lanzó al mundo el célebre eclesiástico protestante hace cerca de un siglo, parece haber encerrado a la sociedad en las formidables mandíbulas de su silogismo. Es infinito el número de miserables que repiten con tristeza para nosotros no hay cubierto en el banquete de la vida.

El famoso economista, que por otra parte era un hombre de bien, vino a dar fuerza a tan cruel conclusión apoyándola sobre un verdadero andamiaje de argumentos matemáticos: la población, decía, se doblará normalmente cada veinticinco años, mientras que las sustancias se acrecentarán, según una proporción menos rápida, resultando necesaria, por consecuencia, la eliminación anual de los individuos sobrantes. ¿Qué es preciso hacer, según Malthus y sus discípulos, para evitar que la humanidad se vea sometida al sacrificio de la miseria, del hambre y la peste? Cierto que nadie se atreve a exigir a los pobres que abandonen generosamente la Tierra ni que se sacrifiquen en el holocausto de la santa economía política, pero no es menos cierto que se les aconseja privarse de dos goces de la familia: nada de mujeres, nada de hijos. Así entienden esta reserva moral que recomiendan a los trabajadores como procedimiento juicioso para solucionar el problema de la vida. Dejar en el mundo sucesión numerosa es lujo sólo permitido a los favorecidos por la suerte; tal es la moral económica.

Pero si los pobres faltos de provisión, a pesar de la moral consabida, altamente pregonada por los profesores, no quieren emplear los medios preventivos contra el aumento de población, la naturaleza se encarga de suprimir lo que excede. Y esta supresión en nuestra enferma sociedad se hace en forma infinitamente más amplia de lo que puede imaginar el espíritu del más sombrío pesimista. No son miles, sino millones, las vidas que anualmente reclama el dios de Malthus. No es difícil calcular aproximadamente el número de los que el destino económico ha condenado a muerte desde el día en que el bárbaro teólogo proclamó su pretendida ley que la incoherencia social se ha encargado de convertir en verdadera, al menos durante algún tiempo. En el curso de este siglo XIX tres generaciones se han sucedido en Europa. Consultando las tablas de mortalidad, se ve que la vida media de las gentes ricas, por ejemplo los habitantes de los barrios confortables y suntuosos de Londres, París y Berna, pasa de sesenta y llega hasta los setenta años. Estas gentes, sin embargo, por la desigualdad misma no hacen una vida normal y sana; los vicios las corrompen bajo todas las formas, pero el aire, la buena alimentación, la variedad en la residencia y las ocupaciones las fortalece y renueva. Las gentes esclavas de un trabajo sedentario o excesivo en cuyo ejercicio se ganan el pan, mueren, según la estadística confirma, entre los veinte y cuarenta años, o sea un término medio en Europa de treinta años. Es decir, que sólo viven la mitad del tiempo del que vivirían si fuesen libres y dueños de elegir profesión y residencia para su trabajo. Mueren precisamente en la edad en que la vida adquiere toda su intensidad; y cada año, al hacer la estadística de los muertos, nos encontramos con doble cantidad de los que sucumbirían en una sociedad de iguales. Así, pues, la mortalidad anual en Europa es aproximadamente de catorce millones de seres humanos, y puede decirse, sin temor a incurrir en error, que seis millones de entre ellos han sido asesinados por las bárbaras condiciones sociales en que se vive. ¡Seis millones de muertos por falta de aire puro, de comida sana, de higiene conveniente y trabajo humanitario...! Pues bien; contad los muertos desde que Malthus habló, pronunciando anticipadamente su oración fúnebre sobre la inmensa hecatombe. Es cierto que más de la mitad de la humanidad se compone de gentes que no han sido invitadas al banquete social o que no hallan puesto libre y por consecuencia están condenadas a morir con la boca contraída por los deseos no satisfechos. La muerte preside la comida, y si ésta falta quedan separados de la vida los que llegan tarde. En las exposiciones vemos toda clase de instrumentos y fenómenos; admirables incubadoras donde todas las leyes físicas, todos los conocimientos de fisiología y todos los recursos de una industria ingeniosa pueden aplicarse para hacer vivir a seres nacidos antes del término natural, a los siete y hasta a los seis meses, tratándose de niños. Y estos seres condenados a morir antes de vivir, prosperan y llegan a ser robustos mozos, gloria de los sabios salvadores y orgullo de sus madres. Pero esa inmensa diferencia de progreso entre la ciencia y las condiciones económicas de la vida es motivo de que mientras por un lado se da vida a seres condenados fatalmente a morir, se asesina a millones de niños que por sus excelentes condiciones de nacimiento estaban destinados a vivir. En Nápoles, en un hospital de niños abandonados, según nos dicen en una memoria oficial los mismos directores del establecimiento, de novecientos cincuenta niños sólo tres quedan con vida.

La situación es, pues, horrorosa, pero una inmensa evolución se ha realizado anunciando la próxima revolución. Esta evolución ha puesto de manifiesto a la ciencia económica que, profetizando la falta de medios de subsistencia y la muerte inevitable de los desheredados, ha descubierto que la humanidad que sufre y pasaba como pobre hasta hace poco tiempo es poseedora de inmensas riquezas: el ideal de pan para todos no es una utopía. La Tierra es suficientemente vasta para arroparnos a todos en su seno y bastante rica para dar la vida en la abundancia; produce recursos suficientes para que todos tengamos qué comer, plantas fibrosas para que podamos ir vestidos todos los humanos, y piedra y cal abundantes para que cada cual tenga su casa. Tal es el hecho económico en toda su simplicidad. No sólo que la tierra produce lo suficiente para vivir cuantos la habitan, sino que puede doblar el consumo de éstos. Y ello sin que la ciencia intervenga para hacer salir a la agricultura de sus procedimientos empíricos y poner a su servicio todos los recursos de que disponen actualmente la física, la química, la meteorología y la mecánica. En la gran familia humana el hambre no sólo es el resultado de un crimen colectivo; es además un absurdo, puesto que los productos exceden dos veces a las necesidades del consumo. Todo el arte actual de la repartición, tal cual hoy se entiende, entregado al capricho individual y a la competencia desenfrenada de especuladores y comerciantes, consiste en elevar los precios, retirando de la circulación los productos comprados casi por nada para venderlos luego encarecidos. Por esto sucede que no sólo se vende a precios elevados, sino que con ese vaivén los productos se corrompen, se pierden, perjudican la salud y la vida de la humanidad.

Los pobres andrajosos que pasan por delante de los grandes y pequeños almacenes saben por experiencia propia que la riqueza social es suficiente para que nadie carezca de lo necesario. Por todas partes ven ropas de sobra para abrigar su cuerpo, zapatos en demasía para calzar sus pies, frutas sabrosas y bebidas tonificantes para restaurar su estómago. Todo está en abundancia, y mientras que errantes dan vueltas por las calles mirando con ojos hambrientos cuanto los rodea, el comerciante piensa cómo se las arreglará para encarecer sus artículos. Sea como sea, el hecho de que hay exceso de productos es cosa probada hasta la saciedad. ¿Por qué, pues, los señores economistas no consignan esta verdad en sus manuales de estadística? ¿Por qué hemos de ser nosotros, los revolucionarios, quienes lo hemos de decir? ¿Cómo explicar que los obreros sin cultura, conversando después del trabajo diario, demuestren saber más sobre el particular que los profesores más sabios de la Escuela de Ciencias Morales y Políticas? ¿Es acaso preciso convenir en que el amor al estudio no es entre los sabios verídico ni sincero?

Habiendo justificado plenamente la evolución económica contemporánea en nuestra reivindicación del pan, nos resta saber ahora si nos justifica igualmente en otra aspiración de nuestro ideal: la reivindicación de nuestra libertad. El hombre no vive de pan solamente, dice un viejo proverbio que continuará siendo siempre verdadero a menos que el ser humano regrese al estado puramente vegetativo; ¿pero qué sustancia alimenticia indispensable es ésta además de la del pan? La Iglesia nos ha predicado que es la palabra de Dios, y el Estado, que la obediencia a las leyes. Este alimento que desarrolla la mentalidad y la moralidad es el fruto de la ciencia, del bien y del mal; fruto del que los mitos de los hebreos y de todas las religiones que de éstos derivan, nos privan como alimento altamente funesto, como veneno moral viciando todas las cosas y condenando hasta la tercera generación a los descendientes de quienes lo han gustado. ¡Aprender! He aquí un crimen según la Iglesia y el Estado, pese a la opinión contraria de ciertos sacerdotes y agentes del gobierno que, involuntariamente, son gérmenes de herejía.

Aprender es, al contrario, la virtud por excelencia del individuo libre, emancipado de toda tutela autoritaria, tanto divina como humana. Y esta virtud rechaza, lo mismo que a la Iglesia y al Estado, a todos los que en nombre de una Razón suprema se arrogan el derecho de pensar y hablar por los demás y a los que, por voluntad del Estado, imponen leyes y una pretendida moral exterior, reglamentada y definitiva. Así, pues, el hombre que quiere desenvolverse y ser moral debe hacer absolutamente lo contrario de cuanto le recomiendan la Iglesia y el Estado: es preciso pensar, hablar y obrar libremente. Estas condiciones son indispensables para todo progreso.

¡Pensar, hablar y obrar libremente en todos los casos...! El ideal de la sociedad futura, en contraste y sin embargo continuando la sociedad actual, se precisa con admirable exactitud. ¡Pensar libremente...! Cuando se llega a este terreno, el evolucionista convertido en revolucionario se separa inmediatamente de toda la Iglesia dogmática, de todo ideal cerrado, de toda agrupación política con cláusulas obligatorias, de toda asociación pública o secreta en la que el socio haya de empezar por aceptar, so pena de traición, y sin discusión de ninguna especie, cuanto digan e impongan los jefes. No más congregaciones que sometan nuestros escritos a la aprobación del índice; no más reyes ni príncipes que nos pidan juramento de lealtad; no más jefes de ejército que nos impongan fidelidad a la bandera; no más ministros de instrucción pública que dicten lo que hayamos de aprender. Fuera los jueces que obliguen a un testigo a prestar un juramento ridículo y falso, que implica necesariamente una tontería, cuando no un mal, puesto que el juramento es en sí una mentira. Se acabaron los jefes de toda clase, funcionarios, maestros, amos o padres de familia, para imponerse como déspotas a los débiles.

¿Y la libertad de palabra? ¿Y la libertad de acción? ¿Son otra cosa que consecuencias lógicas de la libertad de pensar? La palabra no es otra cosa que el pensamiento que se ha vuelto sonoro; el acto es el pensamiento hecho visible. Nuestro ideal lleva consigo la libertad absoluta para todos los hombres de exponer su pensamiento en todos los casos y sobre todas las cosas, ciencia, política, moral, sin otra reserva que la del respeto a sus semejantes; lleva consigo igualmente el derecho para todos de obrar según su gusto, de hacer lo que quiera, al mismo tiempo que asocia naturalmente su voluntad a la de los demás hombres en todos los casos de obra colectiva; su libertad propia no puede limitarse por esta unión, sino al contrario, se engrandece gracias a la fuerza de la voluntad común.

Inútil es decir que esta libertad absoluta del pensamiento, de la palabra y la acción es incompatible con el sostenimiento de las instituciones que ponen toda clase de restricciones a la libertad de pensamiento, que fijan las palabras en forma de voto definitivo, irrevocable, y hasta pretenden obligar a los trabajadores a cruzarse de brazos, a morir de inanición ante el capricho de su amo. Los defensores de lo existente no se han engañado al calificar a los revolucionarios, en sentido general, de enemigos de la religión, de la propiedad y la familia. Sí; los anarquistas rechazan la autoridad de un dogma y la intervención de lo sobrenatural en su vida, y, en este sentido, cualquiera que sea el grado de entusiasmo que sientan por la lucha en defensa de su ideal de fraternidad universal, son enemigos de la religión. Sí; es cierto que quieren la supresión del tráfico matrimonial, y defienden la unión libre fundada en la afección mutua, el respeto propio y la dignidad de sus semejantes, y también en este sentido, por amantes y fieles que sean a los seres cuya vida está asociada a la de ellos, resultan ser enemigos de la familia. Sí, es cierto también que quieren suprimir el acaparamiento de la tierra, y, en este sentido, la felicidad que a todos produce el goce de ser dueños de todos los frutos del suelo, al igual que todos los seres humanos, es una prueba de que son enemigos de la propiedad.

Queremos la paz, ciertamente; la divisa de nuestro ideal es armonía entre todos los seres, y sin embargo la guerra nos rodea por todos lados. A lo lejos, en el horizonte de nuestro campo nos aparece la guerra todavía como dolorosa perspectiva, porque en la inmensa complejidad de las cosas humanas, la marcha hacia la paz va acompañada siempre de la fuerza. Mi reino no es de este mundo, decía el Hijo del Hombre, y sin embargo también él establecía diferencias entre el padre y el hijo, entre la madre y la hija. Toda causa, por mala que sea, tiene defensores, y aun amando a éstos, los revolucionarios debemos combatirlos.

VI

Hay almas ingenuas que esperan que todo se arreglará de buen grado y que un día de revolución pacífica bastará para que los defensores del privilegio cedan sin violencia a los deseos de los desheredados. Nosotros confiamos, en efecto, en que cederán alguna vez, pero cuando este caso llegue sabemos que el sentimiento que les guíe no será seguramente espontáneo. La proximidad de un mundo futuro, y sobre todo la fuerza de los hechos realizados llevando en sí el carácter de irrevocables, les impondrán un cambio de rumbo; no cabe duda de que se modificarán, pero será cuando vean la imposibilidad absoluta de continuar por el camino seguido.

Estos tiempos están todavía muy lejanos. En la naturaleza de las cosas está el que todos los organismos funcionen en el sentido de sus movimientos normales: pueden detenerse, romperse, pero no funcionar al revés. Toda autoridad procura engrandecerse en detrimento del mayor número posible de individuos; toda monarquía tiende forzosamente a dominarlo todo. Por un Carlos V que, refugiado en un convento, asiste desde lejos a la tragicomedia de los pueblos, ¿cuántos soberanos cuya ambición de dominio no ha sido jamás satisfecha pueden compararse, salvo la gloria y el genio, a otros tantos Alejandro, César y Atila? Lo mismo sucede con los detentadores de la riqueza; los que hartos de ganar dan sus riquezas para una buena obra son extremadamente raros, y hasta los que tuvieran la prudencia de moderar sus ambiciones no podrían realizar sus deseos: el medio ambiente en que se hallan continuaría trabajando para ellos; el capital no cesa de producir rentas al interés compuesto. Desde el momento en que un hombre se halla investido de una autoridad cualquiera, sacerdotal, militar, administrativa o financiera, su tendencia natural es funcionar sin control; todo carcelero cierra la puerta del calabozo con una especie de orgullo glorioso; no hay guarda de campo que no vigile la propiedad de los ricos con miradas de odio hacia el pobre merodeador, y no hay alguacil a quien no le inspire un soberano desprecio el pobre desahuciado o avisado para comparecer ante los tribunales.

¡Y si los individuos que tienen escasa representación en la gradación autoritaria se sienten enamorados de la parte del Rey que representan, cuánto peor son los cuerpos constituidos teniendo tradiciones, poder hereditario y punto de honor colectivo! Se comprende que un individuo sometido a una influencia particular pueda ser accesible a la razón o a la bondad, y que poseído de una piedad repentina abdique de su poder y de su fortuna, feliz de encontrar la paz y de ser acogido como hermano por los que antes oprimía consciente o inconscientemente; ¿pero cómo esperar un acto parecido de toda una casta de hombres liados los unos a los otros por la cadena de los intereses, por ilusiones y convencionalismos particulares, por amistades, por complicidad, y hasta por crímenes? Cuando la fuerza de la jerarquía y el apoyo de mutuos servicios sostiene el conjunto de las clases directoras como una masa compacta, ¿en qué puede fundarse la esperanza de que un día depongan el poder para convertirse en nuestros iguales? ¿Creen acaso que algún rayo de gracia puede humanizar a esta casta enemiga que se llama clero, ejército y magistratura? ¿Es posible imaginarse lógicamente que semejante raza pueda tener un acceso de virtud y ceder a otra razón que no sea el miedo? Es una máquina viva, compuesta de engranajes humanos, pero esto no obstante, funciona como animada por una fuerza ciega, y para detenerla será necesario todo el poder colectivo de una revolución social.

Admitiendo, sin embargo, que los buenos ricos entraran en el camino de Damasco, iluminados de pronto por un astro resplandeciente, y se sintieran convertidos, renovados como por encanto; admitiendo, además, cosa que nos parece imposible, que adquirieran conciencia de su egoísmo pasado y se despojaran inmediatamente de sus fortunas en beneficio de cuantos fueron por ellos explotados, presentándose en la asamblea de los desheredados, para decirles: Tomad; aun admitiendo todo esto la justicia no se habría establecido todavía: quedarían en una situación falsa ante la historia y nos los presentarían luego de un modo mentiroso. Así los aduladores interesados han ensalzado a los padres para explotar a los hijos. Así han ponderado en términos exaltados y elocuentes la noche del 4 de Agosto, como si en el momento en que los nobles abandonaron sus títulos y privilegios, abolidos ya por el pueblo, hubieran resumido todo el ideal de la Revolución francesa. Si se rodea de un nimbo glorioso un abandono ficticio, impuesto por la presión de los acontecimientos, ¿qué no se diría de un abandono real y espontáneo de la fortuna mal adquirida de los antiguos explotadores? Sería cosa de temer el que la admiración y el reconocimiento públicos les restituyera sus cedidos privilegios. No; es preciso para que la justicia se realice, para que las cosas adquieran su natural equilibrio, que los oprimidos se levanten por su esfuerzo propio; que los explotados tomen posesión de su bienestar; que los esclavos conquisten su libertad, y todo esto no lo conseguirán realmente sino ganándolo en la lucha.

Conocemos a los pobres enriquecidos. El orgullo de la fortuna y el desprecio al pobre son la nota característica de todos ellos. Al montar a caballo -dice un proverbio turcomano-, el hijo no conocerá a su padre. Subiendo en un carro -añade la sentencia india-, el amigo ya no ve a sus amigos. Pero toda una clase enriquecida es bastante peor que un individuo salido de la pobreza: ella no permite a ninguno de sus miembros que aislado obre fuera de sus instintos de clase, de los comunes apetitos, y por eso ruedan todos por la misma vía fatal. El huraño comerciante que discute brutalmente el céntimo, es temible en verdad: ¿pero qué diremos de toda una compañía moderna, y de toda una sociedad capitalista constituida por acciones, obligaciones, crédito, etc.? ¿Cómo moralizarla con todos sus papelotes y dinero? ¿Cómo inspirarle el sentimiento de la solidaridad hacia los hombres que pretenden cambiar el estado social actual? Una casa de banca compuesta por puros y buenos filántropos, no dejaría de descontar sus comisiones, intereses y primas; no sería sensible a las lágrimas que con frecuencia representan algunas piezas de cobre o plata, penosamente recogidas, y las arrancaría con crueldad para meterlas en sus arcas de valores. Se nos dice a veces que debemos esperar a que el tiempo haga su obra, dulcificando las costumbres y produciendo tal vez la reconcilación final; pero los que así piensan, ¿creen verdaderamente que las cajas de hierro van a enternecerse y que cesarán en sus funciones las formidables mandíbulas del agio que roen sin cesar generaciones y más generaciones humanas?

Si el capital, sostenido por toda la liga de los privilegiados, conserva su fuerza poderosa, pronto seremos esclavos de sus máquinas, simples cartílagos adhiriendo los engranajes a los ejes de hierro o acervo Si a los ahorros reunidos en las cajas de los banqueros se añaden sin cesar los nuevos despojos llevados a cabo por individuos responsables solamente ante el libro de caja, inútil es hacer llamamientos a la piedad, porque nadie oirá nuestras quejas. Contra el tigre le es posible a la víctima alguna defensa: contra los libros de banca, ninguna; sus fallos no admiten apelación; los hombres y los pueblos mueren aplastados por el peso de esos archivos cuyas páginas silenciosas nos relatan con cifras la obra inhumana que ellos representan.

Nosotros, durante nuestra vida, ya bastante larga, hemos visto sucederse las revoluciones políticas y podemos hacernos una perfecta idea del cambio incesante que sufren las instituciones basadas en el ejercicio del poder. Hubo un tiempo en que la palabra República nos producía delirios de entusiasmo; nos parecía que este término estaba compuesto de mágicas sílabas, y que el mundo se renovaría el día en que se pudiera pronunciar en alta voz en las calles y plazas. ¿Y quiénes eran los que ardían de ese amor místico por el advenimiento de la era republicana y veían con nosotros, en ese cambio exterior, la inauguración de todos los progresos políticos y sociales? Pues los mismos que actualmente gozan de prebendas y de excelentes colocaciones y adulan con interesada amabilidad a los asesinos de los armenios y a los grandes capitalistas. Yo no puedo creer que en aquellos tiempos, ya lejanos, todos los que ahora han medrado fueran refinados hipócritas. Algunos había, sin duda, que husmearían el aire para orientar su barca; pero la inmensa mayoría eran sinceros; sentían el fanatismo de la República y aclamaban de todo corazón la trilogía Libertad, Igualdad y Fraternidad; y al día siguiente al de la victoria aceptaban con sencillez las funciones retribuidas con la firme esperanza de que su entusiasmo por la causa común no decaería jamás. Algunos meses después, cuando estos mismos republicanos estaban en el poder, otros republicanos se arrastraban penosamente por las calles de Versalles, andrajosos y doloridos, entre dos filas de soldados. La multitud les insultaba, les escupía la cara; y ¡en esta multitud de odiosas figuras, los cautivos veían a sus antiguos compañeros de lucha, de ideas y esperanzas!

¡Cuánto camino hemos recorrido desde el día en que los revolucionarios de la víspera fueron los conservadores del día siguiente! La República, como forma de gobierno, se ha afirmado, y en la medida de su fortaleza ha degenerado hasta el punto de servir para todas las tiranías. Como un mecanismo de relojería o como la marcha de una sombra proyectada sobre una pared, todos los jóvenes fervientes que adoptaban actitudes heroicas para ponerse ante un policía, se han convertido en gentes prudentes y timoratas, pidiendo reformas con medida, o bien se han satisfecho con toda clase de goces y privilegios. ¡La mágica Circe, o mejor dicho, la lujuria de la fortuna y el poder los ha convertido en cerdos! Su misión actual es la de fortificar las instituciones que combatieron en otro tiempo: a esto llaman ellos consolidar las conquistas de la libertad, acomodándose perfectamente a todo lo que antes los indignaba. Ellos, que en otro tiempo trinaban contra la Iglesia, se complacen actualmente con el Concordato, y llenos de respeto por el señor obispo de la Diócesis, le colman de halagos y presentes. Los que hablaron con facundia de la fraternidad universal se sienten ultrajados en nuestros días cuando oyen pronunciar las mismas palabras que ellos emplearon en otro tiempo; los que combatieron con entusiasmo el impuesto de sangre son los mismos que recientemente han convertido en soldados a los niños y los ancianos. Insultar al ejército, es decir, denunciar las torpezas y los crímenes del autoritarismo sin límites y combatir la obediencia pasiva que a los hombres impone, es para ellos el mayor de los crímenes. Faltar el respeto al inmundo cobrador del impuesto sobre las prostitutas, al abyecto polizonte o a cualquier otro tipo de los que representan autoridad, es ultrajar a la justicia y a la moral. No hay ninguna institución, por antipática que sea, que no pretendan consolidar; gracias a ellos, la Academia, tan infamada en otro tiempo, ha ganado cierta popularidad: bajo la cúpula del Instituto se pavonean cuando uno de ellos, por adulador y soplón, adquiere el alto honor de que en su traje de corte irreprochable crezcan las palmas verdes, nutridas con la savia de la nulidad y la bajeza. La cruz de la Legión de Honor era objeto de risa para ellos; hoy las han inventado de nuevos colores: amarillas, verdes, azules. Lo que llaman República es un Estado que abre sus puertas al traidor rebaño de los que aborrecen hasta su nombre: a los heraldos del derecho divino, a los cantores de Silabus ¿Cómo queréis que entren en razón? ¿No están en su ambiente, rodeados de aduladores y serviles que los ensalzan y apoyan con la cabeza descubierta?

Pero no se trata aquí de criticar ni juzgar a los que, por lenta corrupción o cambios bruscos en sus opiniones, han pasado del culto a la santa República, al del poder y los abusos consagrados por el tiempo.

La carrera que han hecho es la única que fatalmente podían hacer. Admitieron siempre que la sociedad debía estar constituida en Estado, con jefe y legisladores; y se inspiraban en la noble ambición de servir a su país, consagrándose a la defensa de su propiedad y de su gloria. Aceptaban el principio; lo que había de suceder alguien lo tenía previsto: hoy lo sabemos todos; el fúnebre sudario de miles de cadáveres sirve de envoltura a nuestros nietos. Republicanos y República han llegado a ser la triste cosa que nosotros nos imaginábamos. ¿Por qué irritarnos, pues? Es ley natural que el árbol produzca su fruto y que todo gobierno florezca y fructifique en caprichos, tiranías, usura, perfidias, asesinatos y desgracias.

Desde el momento en que una institución se funda, aunque sea para suprimir abusos, crea inmediatamente otros nuevos por el hecho mismo de su existencia; es preciso que se adapte a un ambiente malo y que funcione de un modo patológico. Los iniciadores pueden obedecer a un noble y sincero ideal; los empleados, al contrario, no tienen otro interés que el de velar por sus emolumentos y por la duración de su empleo. Desean, tal vez, que la obra se lleve a feliz término, pero lo más tarde posible. Para ellos, la tarea que la institución se ha impuesto no tiene gran importancia; lo esencial son los honores que confiere, los beneficios que produce y la pereza que autoriza. Así sucede, por ejemplo, que una comisión de ingenieros nombrada para atender las quejas de algunos propietarios expropiados para la construcción de un viaducto atienda a todo menos a las quejas. Lo natural y sencillo, al parecer, sería estudiar las reclamaciones formuladas para ser contestadas con perfecta equidad. Pues no; les parece más ventajoso no admitir ninguna reclamación durante algunos años y emplear los fondos que la atención de éstas distraería en realizar una nueva nivelación del terreno, ya hecha y rehecha. El objeto es enredar y alargar la cosa; a un papelerío costoso, añadir otro no menos caro.

Es una ilusión quimérica creer que la Anarquía, ideal humano, pueda derivarse de la República, forma gubernamental.

Las dos evoluciones se hacen en sentido inverso, y el cambio no puede realizarse si no es por una ruptura brusca, es decir, por la revolución. Con decretos hacen o quieren hacer los republicanos la felicidad del pueblo, y por la policía y la fuerza tienen la pretensión de sostenerse. Como el poder radica en la fuerza y sólo con el empleo de ésta podrán mantenerse, su primer cuidado será siempre poseerla y consolidar todas las instituciones que le faciliten el gobierno de la sociedad. Tendrán la audacia de fortalecer y renovar su poder por la ciencia con objeto de darle una energía nueva, y por eso tal vez se emplean en el ejército los modernos explosivos y las terribles armas nuevas, dinamita, pólvora sin humo, cañones rayados, afustes a resorte y otras máquinas de guerra cuyo uso facilita la matanza de hombres. Con el mismo objeto han inventado en Francia la antropometría, convirtiéndola en ciencia exclusiva de la policía y método excelente para hacer de la nación un inmenso presidio. Empezaron por medir sólo a los criminales o supuestos tales, luego se sometió a esta medida a los sospechosos y dentro de poco tiempo, todos, menos las clases directoras. tendremos que sufrir las afrentas de infamantes fotografías. La policía y la ciencia se han abrazado, hubiera dicho el Salmodista.

Así, pues, nada bueno puede venir de la República ni de los republicanos detentadores del poder. En historia es una quimera o un contrasentido esperado. La clase que posee y que gobierna ha sido y será siempre fatalmente enemiga del progreso. El vehículo del pensamiento moderno, de la evolución intelectual y moral, es la parte de la sociedad que vive oprimida, que trabaja y sufre; es ésta la que elabora la idea, la que realiza, la que, empujando, pone en marcha constante el carro social, que los conservadores intentan en vano volcar en el camino, precipitándolo en el abismo y sumergiéndolo en el pantano.

Pero los socialistas -nos preguntarán algunos-, esos evolucionistas y revolucionarios, ¿están igualmente expuestos a traicionar su causa y realizarán a su tiempo el movimiento de regresión normal cuando los que de entre ellos ambicionan la conquista del poder lo hayan, en efecto, conquistado? Ciertamente, los socialistas, llegados al poder, procederán y proceden del mismo modo que sus predecesores los republicanos: las leyes de la historia no se alterarán en su favor. Una vez en posesión del poder, no dejarían de servirse de él para barrer todos los obstáculos que se opusieran a su desarrollo autoritario, encubriendo sus actos con el eterno sofisma de combatir a los elementos hostiles. El mundo está lleno de cándidos ambiciosos que viven con la quimérica esperanza de transformar la sociedad por una aptitud maravillosa y desconocida en el modo de mandar; luego, los mismos, cuando se ven ascendidos al rango de jefes o formando parte del gran mecanismo de otros funcionarios públicos, se dan cuenta de que su voluntad aislada no tiene ninguna ascendencia sobre el poder real y el movimiento íntimo de la opinión y que sus esfuerzos están expuestos a perderse totalmente en medio de la indiferencia y mala voluntad de cuanto les rodea. ¿Qué resolución pueden tomar, llegados a este terreno, si no es la de seguir la rutina gubernamental, enriquecer a su familia y colocar a sus amigos?

Sin duda, nos dicen algunos entusiastas socialistas autoritarios, que en las alturas del poder y el ejercicio de la autoridad hay grandes peligros para los hombres simplemente animados de buenas intenciones; pero este peligro no debe temerse en quienes han trazado una línea de conducta con un programa rigurosamente discutido entre compañeros, los cuales sabrían llamados al orden en caso de negligencia o de traición. Los programas se elaboran detenidamente y se firman y contrafirman; se publican en miles de documentos; se fijan en las paredes, en las salas, en todas partes, y no hay candidato que no los sepa de memoria; pero ¿es esto suficiente garantía? No obstante, el sentido de las palabras escrupulosamente debatidas varía de año en año, según la perspectiva y los acontecimientos: cada cual los interpreta conforme sus intereses; y cuando todo un partido ha llegado a ver las cosas de otro modo al que las veía en un principio, las más precisas declaraciones adquieren una significación simbólica y concluyen por convertirse en simples documentos históricos.

Los que ambicionan la conquista del poder deben, en efecto, emplear los medios que crean más eficaces para llegar a él. En las repúblicas con sufragio universal hay que trabajar al número, a la multitud. Los socialistas autoritarios admitirán con gusto al tabernero como cliente y se harán populares hasta sometiéndose a exámenes en cualquier bodegón; recibirán con la sonrisa en los labios a los electores, procedan de ésta o la otra clase social; fingirán, si así lo creen prudente, sacrificar el fondo por la forma; harán entrar a los enemigos en sus combinaciones; envenenarán completamente el organismo. En los países donde impere el régimen monárquico, muchos socialistas se declararán indiferentes ante la forma de gobierno, y hasta se dirigirán a los ministros del rey pidiéndoles apoyo para realizar sus planes de transformación social, como si lógicamente fuera posible conciliar la dominación de uno solo y el apoyo fraternal entre los hombres. Pero la impaciencia de obrar les impide ver los obstáculos y con la fe se imaginan poder transportar los montes. Lassalle anhela tener a Bismarck como asociado para la instauración de un mundo nuevo; otros se vuelven hacia el Papa rogándole que se ponga a la cabeza de la liga de los humildes, y cuando el pretencioso emperador de Alemania ha reunido a algunos filántropos y sociólogos en su mesa, no ha faltado quien ha dicho que el gran día empezaba por fin a amanecer.

Y si el prestigio del poder político, representado por el derecho divino o por el derecho de la fuerza, fascina todavía a ciertos socialistas, ¿qué no sucederá con otros poderes de origen popular conquistados por el sufragio restringido o el sufragio universal? Por conquistar votos, es decir, por captarse las simpatías de los ciudadanos, el candidato socialista ha de halagar todos los gustos, las inclinaciones y hasta los prejuicios de sus electores; ha de fingir ignorar todos los disentimientos, las disputas y antipatías, y tiene que ser el amigo o al menos el aliado de los mismos con quienes poco tuvo palabras gruesas. Entre los clericales habla del socialismo cristiano; entre la burguesía liberal se presenta como reformador moderado, y dirigiéndose a los patriotas hace alarde de valiente defensor de la dignidad cívica. En ciertos casos hasta se guarda bien de ponerse enfrente del casero o del patrono y llega a ofrecerle sus reivindicaciones como garantía de paz. El 1º de Mayo, que debía ser principio de verdadera lucha contra Su Majestad el Capital, se ha convertido en un día de fiesta como otro cualquiera. Con estas solapadas bajezas del candidato, el elector el primero, olvida poco a poco el lenguaje de la verdad que antes empleaba, y pierde la actitud intransigente del combate. Por la influencia de tanta mentira se cambian el espíritu y la idea, sobre todo en aquellos que han llegado al final ansiado cuando se sientan en los bancos de terciopelo del Parlamento, frente a la tribuna con franjas doradas. Llegados a este caso es cuando han de redoblar las sonrisas, los apretones de manos y los servicios.

La naturaleza humana lo quiere así, y de nuestra parte sería absurdo odiar a los jefes socialistas que, cogidos en el engranaje de los electores, concluyen gradualmente por modelarse en burgués con amplias ideas; se meten en condiciones determinadas, y las condiciones concluyen por determinarlos a su vez; la consecuencia es fatal y la historia debe limitarse a consignarla, a señalarla como un peligro para los revolucionarios que sin reflexión se arrojan en las lides políticas. Por lo demás, no debe exagerarse sobre los resultados de esta evolución socialista, porque la multitud de luchadores se compone siempre de dos elementos cuyos respectivos intereses difieren más cuanto más se distancian: unos deben abandonar la causa primitiva y otros continuar fieles a ella; este hecho es suficiente para efectuar una nueva selección de individuos y agruparlos con arreglo a sus afinidades verdaderas. Por eso hemos visto no hace mucho desmembrarse el partido republicano, dividiéndose en dos, oportunistas y socialistas. Estos, a su vez, tendrán que dividirse en dos igualmente; unos para adulterar el programa y hacerlo aceptable por los conservadores, y otros para conservar el espíritu de franca evolución y sinceramente revolucionario. Luego de haber tenido su momento de desilusión y hasta de escepticismo, dejarán que los muertos entierren a sus muertos y vendrán a ocupar un puesto al lado de los vivos. Pero que sepan que todo partido lleva en sí el espíritu de cuerpo y por consecuencia la solidaridad en el mal como en el bien. Cada miembro de este partido se hace solidario de las faltas, mentiras y ambiciones de todos sus compañeros y jefes: el hombre libre que de buen grado une su fuerza a la de otros hombres que obran impulsados por su propia voluntad, es el único que tiene derecho a condenar los errores y maldades de sus supuestos compañeros, y nadie puede hacerle responsable más que de sí mismo.

VII

❧ Las fuerzas en lucha ❧ Temible aparato de represión ❧ Ausencia de lógica en el
funcionamiento de los Estados modernos
❧ La suprema razón de los gobiernos, el
derecho del más fuerte ❧

El funcionamiento actual de la sociedad civilizada nos es conocido en todos sus detalles, lo mismo que el ideal de los socialistas revolucionarios. Hemos consignado igualmente que las pretendidas reformas de los liberales están condenadas anticipadamente a ser ineficaces y que en el choque de las ideas la única cosa que nos debe preocupar, puesto que hasta la vida depende de ella, es que todo abandono de principios lleva consigo fatalmente la derrota. Ahora nos resta evidenciar la importancia respectiva de las fuerzas que se repelen en esta sociedad tan prodigiosamente compleja; se trataría, pues, por decirlo así, de hacer la separación de los ejércitos en lucha y de describir sus posiciones estratégicas con la misma fría imparcialidad de un agregado militar que estudia matemáticamente las ventajas de un enemigo sobre otro. Sólo que este gran choque de ideas cuyo resultado tanto nos preocupa, no se desarrollará siguiendo las mismas peripecias que una de nuestras batallas ordinarias con generales, capitanes y soldados, con la orden inicial de ¡Fuego! y el grito final desesperado. de sálvese quien pueda. Es ésta una lucha incesante, continua, que empezó en el bosque para los hombres primitivos hace millones y millones de años y que hasta nuestros días sólo ha obtenido triunfos parciales. Habrá, sin embargo, una solución definitiva, sea por la destrucción completa de las energías vitales y el regreso de la humanidad al caos original, o bien por la armonía de todas sus fuerzas y la consciente transformación del hombre en un ser superior.

La sociología contemporánea ha determinado claramente la existencia de las dos sociedades en lucha: éstas se confunden diversamente unidas con ciertos puntos de contacto aquí y allá por los que quieren sin querer y avanzan para retroceder. Pero si miramos las cosas con elevación, sin fijarnos en los indecisos e indiferentes que sólo el destino pone en movimiento, vemos claramente que el mundo actual se divide en dos campos perfectamente deslindados: los que trabajan para conservar la desigualdad y la pobreza (es decir, la obediencia y la miseria para los otros y los goces y el poder para ellos mismos), y los que reivindican la libre iniciativa y el bienestar para todos.

En estos dos campos parecería a primera vista que las fuerzas son bien desiguales: los conservadores de lo existente son incomparablemente los más fuertes; disponen de la propiedad, de rentas que se cuentan por millones y millones, de todo el poder del Estado y el ejército de empleados, de soldados, de polizontes, de magistrados; todo el arsenal de leyes y ordenanzas, los dogmas llamados infalibles de la Iglesia y la inercia habitual por atavismos hereditarios. Y los anarquistas, los artífices de la sociedad futura, ¿qué pueden oponer a todas esas fuerzas organizadas? A primera vista parece que nada pueden poner enfrente. Sin dinero, sin ejército, sucumbirían, en efecto, si no representaran la evolución de las ideas y las costumbres. No son nada, pero tienen de su parte todo el movimiento de la iniciativa humana. Todo el pasado pesa sobre ellos, pero la lógica de los acontecimientos les da la razón y les empuja hacia adelante, a pesar de las leyes y los esbirros.

Los esfuerzos intentados para contener la revolución pueden, en apariencia, tener algún éxito durante ciertas épocas; entonces los reaccionarios se regocijan ostensiblemente, pero su alegría es vana porque el movimiento contenido por un lado se inicia por varios otros inmediatamente. Después de la derrota de la Comuna de París, pudo creerse en el mundo oficial y cortesano de Europa que el socialismo, el elemento revolucionario de la sociedad, había muerto sin esperanza de resurrección. El ejército francés, ante la vista de los alemanes vencedores, se creyó rehabilitado degollando y ametrallando a los parisienses y a todos los descontentos partidarios de la revolución. En su jerga política los conservadores se alabaron de haber sangrado a la perra. M. Thiers, tipo incomparable del burgués advenedizo, creía haberla exterminado en París y haberla enterrado en el cementerio del

Pere Lachaise. En Nueva Caledonia, en los antípodas, se hallaban debidamente vigilados aquellos que suponían los últimos restos del socialismo de otro tiempo. Después de Thiers, todos sus buenos amigos de Europa repitieron las mismas palabras y de todas partes salió un himno de triunfo. En cuanto a los socialistas alemanes, nada había que temer; estaban vigilados por el rey de los reyes, por aquel que hacía temblar a Europa con sólo fruncir el ceño. ¿Y los nihilistas rusos? ¿Qué podían hacer los miserables? Monstruos extraños, salvajes y huraños, verdaderos hunos de los cuales los hombres civilizados de Occidente sólo podían ver alguno que otro como ejemplares de historia natural.

Un siniestro silencio se hizo durante algún tiempo cuando el orden de Varsovia reinaba en casi toda Europa. Al día siguiente de un horroroso asesinato colectivo quedan, en efecto, pocos hombres que presenten su pecho a las balas. Cuando una palabra, un gesto, se castiga con la muerte, son raros los individuos que se prestan al sacrificio, los que aceptan tranquilamente el papel de víctimas por una causa cuyo triunfo está aún lejano, son poco numerosos después de la matanza. Además, todo el mundo no tiene el heroísmo de esos nihilistas rusos que componían sus periódicos en el centro mismo de sus enemigos y fijaban sus pasquines y manifiestos en las mismas paredes que vigilaban expertos centinelas. Es preciso ser bien valiente para hablar cuando la vida de seres queridos depende del propio silencio. Pero si todos los oprimidos no tienen el don del heroísmo, no por eso dejan de sentir el sufrimiento y de tener el deseo de gozar: el estado de espíritu de todos los que como ellos sufren, acaba por crear una nueva fuerza revolucionaria. En las ciudades donde no existe un grupo anarquista declarado, no faltan obreros que lo son de un modo más o menos consciente. Por instinto mismo aplauden al compañero que les habla de un estado social en el que no habrá amos ni señores y en el que el producto del trabajo estará en manos de los productores. Este instinto encierra en germen la revolución futura, porque de día en día se va precisando y convirtiendo en idea concreta. Lo que el obrero sentía ayer de un modo vago, es hoy un conocimiento, y cada nueva experiencia ensancha y precisa sus aspiraciones. Los campesinos que no pueden mantenerse con sus escasas tierras, y la multitud mucho más numerosa de los desheredados que no poseen ni un terrón de ingrata arcilla, ¿no empiezan ya a comprender que la tierra debe pertenecer a los que la cultivan? Siempre lo sintieron así instintivamente; hoy lo saben por convicción y es de esperar que muy pronto hablarán el lenguaje enérgico y preciso de las reivindicaciones.

La alegria causada por la pretendida desaparición del socialismo no duró mucho. Negras pesadillas turbaron el sueño de los verdugos y les pareció que las víctimas no estaban realmente muertas. Actualmente ¿puede existir un ciego que ponga en duda su resurrección? Todos los lacayos de pluma que repetían después de Gambetta: La cuestión social no existe, son los mismos que repitieron a coro las palabras del emperador Guillermo: ¡La cuestión social nos invade! ¡La cuestión social nos sitia! y piden para solucionar el problema una legislación especial, una represión sangrienta. Pero por dura que sea la ley no conseguirá detener el desarrollo del pensamiento que fermenta. Si algún Encélado consigue arrojar un fragmento de monte sobre el cráter del volcán, la erupción podrá no hacerse por el orificio obstruido, pero la montaña misma hará explosión y un torrente de lava lo inundará todo. Después de la explosión de la Revolución Francesa, Napoleón se creyó el titán que tapaba el cráter de las revoluciones; y la multitud de aduladores y la turba infinita de los ignorantes lo llegaron a creer. Sin embargo, los mismos soldados que arrastraba tras de sí por Europa contribuían a esparcir ideas y costumbres nuevas al mismo tiempo que realizaban su obra de destrucción; algunos patriotas rusos aprendieron a ser rebeldes por las lecciones recibidas de su prisionero francés salvado de los hielos de Beresina. La conquista temporal de España por los ejércitos napoleónicos rompió las cadenas que unían el Nuevo Mundo al país de la Inquisición y libró del intolerable régimen colonial a las numerosas provincias ultramarinas. Europa parecía detenerse pero en cambio América se ponía en marcha. Napoleón sólo había sido una sombra pasajera.

La forma exterior de la sociedad cambia en proporción del empuje interior: los hechos históricos lo confirman. La savia hace el árbol y le da hojas y flores; la sangre hace al hombre, y da ideas a la sociedad. Luego los conservadores se lamentan de que las ideas, las costumbres, todo lo que constituye la vida interna de la humanidad haya cambiado tanto desde aquellos buenos viejos tiempos que ya no volverán. Las formas sociales correspondientes cambiarán también. La revolución se aproxima en relación directa con el trabajo interior de las inteligencias.

No obstante, no conviene abandonarse en una actitud pasiva, esperando que los acontecimientos favorables lo hagan todo. El fatalismo oriental debe combatirse, pues nuestros enemigos no se dan punto de reposo para arrastrar al mundo hacia la regresión. Algunos de entre éstos son hombres de envidiable energía que no retroceden ante ningún medio, poseen además el vigor de espíritu necesario para dirigir el ataque y no desalentarse ni siquiera en la derrota: ¡La sociedad moribunda -decía irónicamente un juez a propósito de un libro anarquista publicado por nuestro amigo Grave- vive aún y bastante fuerte para devoraros a todos. Y cuando los republicanos y librepensadores hablaban de la expulsión de los jesuitas, que son los inspiradores de la Iglesia católica, exclamaba un cura lleno de frescura y confianza: Verdaderamente nuestro siglo es demasiado delicado. ¿Se imaginan, acaso, que el fuego de las hogueras se haya apagado hasta el punto de no quedar ni un pequeño tizón para encender una antorcha? ¡Insensatos! Llamándonos jesuitas creen llenarnos de oprobio; pero estos jesuitas tienen en su poder la censura, la mordaza y el fuego. Si todos los enemigos del libre pensamiento y de la iniciativa personal tuvieran esta lógica vigorosa, esta energía en la revolución, llegarían a su fin, gracias a los poderosos medios de represión y compresión que posee la sociedad oficial; pero los grupos humanos, en perpetua evolución hacia el porvenir, no saben ser lógicos ni podrán serlo porque todos los hombres difieren por sus afectos e intereses. ¿Quién es el hombre entero que no tiene un pie en el campo enemigo? Todo el mundo es socialista de sí mismo, dice un proverbio político de verdad absoluta. No existe una institución que no sea francamente autoritaria, ni un amo que, siguiendo el consejo de Joseph de Maistre, no tenga una mano para acariciar al verdugo. Fuera de las proclamas de este o el otro emperador a sus soldados y de afirmaciones despóticas espectoradas después de haber bebido, ya ningún poder intenta convertirse en absoluto; y si lo es alguna vez es por capricho, por maldad, contra prisioneros, por ejemplo, contra desgraciados cautivos, contra gentes que no tienen ni un amigo influyente. Cada soberano tiene su camarilla, sin contar sus ministros, delegados, consejeros de Estado, cada uno de los cuales es un virrey; luego éste se ve contenido, ligado por los que lo precedieron, considerandos, protocolos, convenciones, compromisos y otras muchas cosas que constituyen una ciencia con problemas infinitos: el más insolente Luis XIV se siente cogido en la red de miles de hilos diferentes y le es muy difícil salirse de ella. Todas esas convenciones en las cuales el amo se ha encerrado fastuosamente, le producen cierto disgusto y disminuyen sus fuerzas reaccionarias.

Aquellos que se sienten amenazados de muerte no esperan a que alguien los mate: se suicidan ellos mismos, sea alojándose una bala en el cerebro o atándose una cuerda al cuello, o bien dejándose vencer por la melancolía, el marasmo, el pesimismo y otras enfermedades mentales que pronostican el fin y anticipan el desenlace fatal. Entre los jóvenes privilegiados, hijos de una raza exhausta, el pesimismo no es sólo un modo de hablar, una actitud; es una enfermedad real y grave. Antes de haber vivido, la pobre criatura no halla nada sabroso en la existencia; se arrastra por la vida maldiciendo, huraña y llena de repugnancia hacia todo lo que le rodea, y esta vida soportada con tanto disgusto es igual que la muerte anticipada. En este triste estado se está expuesto a todas las enfermedades del espíritu, locura, senilidad, demencia o decadentismo.

Se quejan muchos de la disminución de nacimientos en las familias; ¿pero de dónde proviene esta esterilidad creciente, sea voluntaria o no, si no es de una disminución de la fuerza viril y de la alegría de vivir? En el mundo de los que trabajan, mundo donde no faltan motivos de tristeza, no les queda tiempo, después de su ruda tarea, para abandonarse a esas languideces del pesimismo. Es preciso vivir, ir hacia adelante, progresar, renovar las fuerzas vivas para el trabajo cotidiano. La sociedad se mantiene por el crecimiento de esas familias laboriosas de cuyo seno salen constantemente hombres que continúan la obra de sus predecesores e impiden con su ardiente iniciativa que el mundo caiga en la rutina. Sin la constante regresión parcial de las clases acomodadas y satisfechas, la nueva sociedad no pasaría del estado de ilusión.

Otra garantía de progreso para el ideal revolucionario nos la ofrece la intolerancia del poder en donde se agitan todos los anacronismos del pasado. El lenguaje oficial de nuestra sociedad política, en el cual todo se mezcla sin orden, es tan ilógico y contradictorio, que una misma frase habla de libertades públicas imprescriptibles y de derechos sagrados de un Estado fuerte. En el orden administrativo y en su funcionamiento legal, vemos a los alcaldes y síndicos obrando, al mismo tiempo como mandatarios del pueblo libre y transmitiendo órdenes del gobierno para imponerlas a los municipios y corporaciones como premisas indiscutibles. No existe unidad ni buen sentido en este inmenso caos donde se mezclan los grandes conceptos modernos con las leyes y las costumbres de hace diez mil años, lo mismo que en las orillas del mar se amontonan millones y millones de piedras, procedentes de miles de montes, arrastradas por miles de ríos y empujadas por tantas y tantas olas durante siglos y siglos. Desde el punto de vista lógico, el Estado actual ofrece una confusión tal que a sus defensores más interesados les es imposible justificarla.

La función presente del Estado consiste en primer lugar en defender los intereses de los propietarios, los derechos del Capital. Es por consecuencia indispensable a los economistas tener a su disposición algunos argumentos de valor, maravillosas mentiras que los pobres, siempre deseosos de creer en la fortuna pública, pudieran acertar sin discusión. Pero, ¡ah! esas hermosas teorías, en otro tiempo puestas en circulación para uso del pueblo imbécil, no tienen hoy ningún crédito: vergüenza causaría en nuestros días discutir la vieja aserción de que prosperidad y propiedad son la recompensa del trabajo. Pretendiendo que el trabajo es el origen de la fortuna, los economistas saben perfectamente que no dicen la verdad. Lo mismo que los anarquistas, saben ellos que la riqueza es producto, no del trabajo personal, sino del trabajo de los demás; no ignoran tampoco que las jugadas de bolsa y las especulaciones, origen de las grandes fortunas, pueden ser justamente calificadas como actos de bandidaje, y por muy grande que sea su desahogo no se atreverían a afirmar que un individuo, pudiendo derrochar un millón en una semana, es decir, exactamente la cantidad necesaria para poder vivir cien mil personas, se distinga de los demás hombres por una inteligencia y una virtud cien mil veces superior a la del término medio. Sería ser muy necio, casi cómplice, atreverse a discutir los argumentos hipócritas sobre los cuales se apoya el pretendido origen de la desigualdad social.

Actualmente emplean argumentos de otra naturaleza para defender las mismas injusticias, y éstos tienen al menos el mérito de no fundarse sobre una mentira. Contra las reivindicaciones sociales se emplea el derecho del más fuerte y hasta el nombre respetable de Darwin ha servido, bien contra su voluntad, para defender la causa de la violencia y de la injusticia. ¡La potencia de los músculos y de las mandíbulas, del palo y de la maza, he ahí el argumento supremo! Con el acaparamiento de las fortunas, es realmente el derecho del más fuerte el que triunfa. El que es más apto materialmente, el más favorecido por su nacimiento, por su instrucción, por sus amigos, el mejor armado por la fuerza o la astucia y que halla en su camino los enemigos más débiles, es quien más oportunidades tiene de triunfar. Mejor que ningún otro puede batirse desde lo alto de la ciudadela que su fortuna representa y descargar desde ella sobre sus hermanos infortunados toda clase de mortales proyectiles. Así se decide el grosero combate de los egoísmos en lucha. En otro tiempo nadie se decidía a exponer públicamente esta teoría del hierro y el fuego; hubiera parecido demasiado violenta y preferían pronunciar palabras de hipócrita virtud. Se envolvían con enrevesadas fórmulas que esperaban que el pueblo no comprendería jamás: El trabajo es un freno, decía Guizot. Los estudios de los naturalistas, relativos a la lucha por la existencia entre las especies y el triunfo de las más vigorosas, han entusiasmado a los teorizantes de la fuerza hasta proclamar sin ambajes su insolente desafío: Es ley fatal -dicen-, nada puede hacerse contra el implacable destino, que condena por igual al devorador y al devorado.

Nosotros debemos felicitarnos de que la cuestión se haya simplificado en toda su brutalidad, porque así está más cerca de solucionarse. La fuerza impera, dicen los defensores de la desigualdad social. Sí, en efecto, la fuerza es la que impera, repiten cada día más fuerte los que se benefician de la industria moderna en su desarrollo amenazador y cuya finalidad es reducir a la nada a los trabajadores. Pero lo que dicen los economistas y repiten los industriales, los revolucionarios pueden decirlo también, no obstante comprender que el previo acuerdo en el combate por la existencia reemplazará gradualmente a la lucha. La ley del más fuerte no funcionará siempre en beneficio del monopolio industrial. La fuerza antes que el derecho, ha dicho Bismarck después de muchos otros; pero el día en que la fuerza esté al servicio del derecho no se halla tan lejos como parece. Si es cierto que las ideas de solidaridad se esparcen; si es cierto que las conquistas de la ciencia empiezan a penetrar en las capas más profundas; si es cierto que el haber moral se convierte en propiedad común, los trabajadores que tienen al mismo tiempo que el derecho la fuerza ¿no se servirán de ella para hacer la revolución en beneficio de todos? Contra las masas asociadas ¿qué podrán hacer los individuos aislados, aunque estén en posesión del dinero, de la astucia y de la inteligencia, cosa esta última nada probable? Las gentes autoritarias y gubernamentales desesperando de dar a su causa una moral que les fortalezca, la confían a la fuerza, única superioridad que desean poseer. No nos sería difícil citar ejemplos de ministros que no han sido elegidos por su gloria militar, ni por su noble genealogía ni por su talento y elocuencia, sino sencillamente por su falta de escrúpulos. Desde este punto de vista, se tiene en ellos plena confianza porque ningún prejuicio les detiene en la conquista del poder y la defensa del privilegio.

En ninguna de las modernas revoluciones hemos visto a los privilegiados defender personalmente su causa. Siempre se han apoyado en las armas de los pobres, a quienes han atrofiado con lo que ellos llaman la religión de la bandera y han educado para ser, según su propia expresión, mantenedores del orden. Seis millones de hombres, sin contar la policía alta y baja, se emplean en este trabajo en Europa. Pero estas fuerzas pueden desorganizarse, pueden recordar los lazos de origen y de porvenir que las unen a la masa popular, y en este caso el brazo que las dirige puede carecer de vigor. Compuestas casi en su totalidad de proletarios, llegará un día seguramente que serán para la sociedad burguesa lo que los bárbaros a sueldo fueron para la sociedad romana: un elemento de disolución. La historia abunda en ejemplos de locuras colectivas, por las que han sucumbido los poderosos, hasta los que han conservado en todos los casos la fuerza de carácter. Y esta energía de carácter no la tienen todos los dirigentes, porque con frecuencia se han visto gentes de estas que no son otra cosa que simples degenerados, sin bastante energía y fuerza física para abrirse paso a través de un tabique sencillo ni suficiente dignidad para dejar a los niños y las mujeres salir delante de ellos huyendo de un incendio. Cuando los desheredados se hayan unido por los intereses de oficio a oficio, de nación a nación, de raza a raza o espontáneamente de hombre a hombre; cuando conozcan bien su finalidad, no cabe duda que el momento de emplear la fuerza para defender la libertad común no se hará esperar. Por muy poderosos que sean los privilegiados de entonces, su fuerza resultará insignificante enfrente de todos los que, reunidos por una sola aspiración, se levantarán contra ellos para conquistar definitivamente el pan y la libertad.

VIII

ᴏ Poder de la fascinación religiosa ᴏ Progreso aparente de la Iglesia, convertida en el refugio de todos los reaccionarios ᴏ La enseñanza confiada a los enemigos de la ciencia ᴏ Enseñanza de la naturaleza y de la sociedad ᴏ La ciencia vivida y la ciencia oficial ᴏ

Además de la fuerza material y de la pura violencia que se manifiesta por la falta de trabajo, la cárcel, la metralla, existe otra fuerza más sutil, la de la fascinación religiosa, que se halla también a disposición de los gobernantes. Y esta fuerza es todavía tan grande en nuestros días, que es necesario tenerla muy en cuenta cuando se intenta hacer un estudio serio de la sociedad contemporánea.

Con un entusiasmo demasiado juvenil los enciclopedistas del siglo XVIII celebraban la victoria de la Razón sobre las supersticiones cristianas, y como prueba del error de sus entusiasmos debemos recordar el profundo desprecio de Cousin, filósofo famoso, que bajo la Restauración gritaba una vez en un círculo de discretos amigos: ¡El catolicismo tiene dentro del cuerpo cincuenta años de existencia todavía! El medio siglo ha pasado hace ya algunos años y muchísimos católicos hablan con orgullo de la Iglesia calificándola de eterna. Montesquieu decía que en el estado actual puede preverse que el catolicismo no ha de durar más de cincuenta años.

Pero si la Iglesia católica ha hecho algunos progresos aparentes; si la Francia de los enciclopedistas y los revolucionarios se ha arrastrado hasta hacerse devota del Sagrado Corazón, impulsada por un grupo de locos o malvados; si los pontífices del culto se han aprovechado hábilmente del temor general de los conservadores politicos para con su influencia ofrecer al pueblo la panacea de la fe como el mejor de los remedios sociales; si la burguesía europea, compuesta hace algunos años de escépticos y voltérianos, no teniendo otra religión que un vago deísmo, ha creído prudente el ir regularmente a misa y llegar hasta el confesionario; si el Quirinal y el Vaticano, el Estado y la Iglesia emplean toda su gracia en arreglar todas las antiguas diferencias, no es porque la creencia en milagros haya tomado preponderancia alguna en el espíritu de los hombres activos de la sociedad. Sólo han caído en la fe los miedosos, los enfermos, los desahuciados de la vida, y no han conseguido otras adhesiones que las de los hipócritas y los cómplices interesados. Sin embargo, hay que reconocer que el cristianismo de los burgueses no es pura simulación: cuando una clase se halla penetrada por el sentimiento de su próxima e inevitable desaparición, cuando se siente ya a las puertas de la muerte, se vuelve bruscamente hacia una divinidad salvadora, un fetiche, una palabra mágica, o hacia el primer brujo que llegue, para que le otorguen la redención. Así se cristianizaron los Romanos, así se catolizaron los volterianos. En efecto, los que quieren a todo precio mantener la sociedad privilegiada deben apelar al dogma, que es la verdadera llave del arco. Si los capataces, los guardias rurales, la gendarmería, la policía, los soldados, los funcionarios de toda jerarquía, los ministros y los soberanos no inspiran suficiente terror, ¿no es una buena garantía y un mejor recurso poder invocar a Dios, que hasta hace poco disponía de los tormentos eternos del infierno y los horrores espeluznantes del purgatorio? Se recuerdan sus mandamientos y todo el aparato religioso que representa autoridad; se finge obedecer al Papa infalible, al vicario del mismo Dios, al sucesor del apóstol que tiene la llave del Paraíso. Todos los reaccionarios se ligan en esta unión religiosa que les ofrece la última trinchera donde parapetar sus privilegios, el recurso supremo de la victoria; y en esta liga los protestantes y los indíos no son menos católicos que los católicos mismos con relación al sumo Pontífice.

Pero todo se paga. La Iglesia abre sus puertas de par en par para acoger en su seno a los heréticos y cismáticos y la consecuencia que se deriva para ella de todo esto es hacerse indiferente, perder la fortaleza, y no poder acomodarse a este ambiente tan complejo y variado de la sociedad moderna sino con la condición de perder en parte su antigua intransigencia. El dogma no admite variación, pero se las arreglan de modo que no hay necesidad de hablar de él y dejan al neófito en la ignorancia hasta del símbolo de Nicea. Ni siquiera exigen fe; toda su moderna ciencia religiosa queda contenida en la siguiente expresión de uno de los padres de la Iglesia: Creer es inútil; practicad. Algunas genuflexiones, señal de la cruz en un momento determinado, algunas ofrendas ante el altar de un sagrado corazón cualquiera de Jesús o de María, es lo suficiente. En una carta de Flaubert a Jorge Sand, le dice: Es preciso inclinarse hacia el catolicismo sin creer ni una palabra. Todo el mundo puede estar seguro de una buena acogida si lleva consigo a falta de una convicción, alguna popularidad para con su presencia aumentar con una persona más la cifra de los pretendidos fieles: los que a su nombre pueden añadir alguna influencia de familia, de nacimiento, de carácter o de fortuna, son acogidos con mayor pompa. La Iglesia llega hasta disputar, protegida por las leyes, el cadáver de algunos hombres que vivieron siempre fuera de su seno, atropellando si es preciso a la familia. El tribunal de la Inquisición quemaba el cuerpo de los herejes; actualmente los sacerdotes, confesores de la fe, quieren a todo trance bendecirlos.

No es fácil apreciar en su verdadero valor la evolución contemporánea de la Iglesia limitándose a consignar sus progresos exteriores, es decir, relatando el número de templos que se han construido para el culto y el aumento de individuos en el rebaño de los fieles. El catolicismo estaría seguramente en pleno apogeo de un nuevo florecimiento si todos los que se acogen a él fueran sinceros, si no tuvieran especial interés en corromper las viejas creencias de nuestros abuelos. Pero actualmente se cuentan a millones los hombres que se dicen cristianos por beneficio propio y cuya hipocresía es indudable. Digan lo que quieran los periódicos de sacristía, las persecuciones que sufren las gentes de iglesia son de esas que no se toman en serio, y el prisionero del Vaticano sólo hace derramar lágrimas de piedad a los llorones interesados. ¡Mucho peor es la situación de los obreros en huelga, muertos de hambre y desalojados de sus infectas viviendas, y la de los anarquistas perseguidos y torturados inquisitorialmente!

Las convicciones no merecen el respeto más que en razón directa del espíritu de heroico desinterés que inspiran; por consecuencia los holgazanes y hombres de mundo que entran con ostentación en el regazo de la Iglesia no merecen para nosotros ningún respeto. ¿Son acaso en sus nuevas creencias más buenos para los obreros, más amables para consolar al que sufre? Por los antecedentes particulares que tenemos, nos es permitido dudar.

Los signos de los tiempos nos prueban muy al contrario que la extensión material de la Iglesia corresponde a una disminución real en la fe. El catolicismo no es ya hoy esa buena religión de resignación y humildad que permitía al pobre aceptar devotamente la miseria, la injusticia y la desigualdad social. Actualmente, hasta los obreros que se constituyen en sociedad con el nombre de cristianos, y que por consecuencia debieran continuamente alabar a Dios por su infinita bondad, esperando piadosamente que el cuervo de Elio les trajera el pan y la carne de cada día, hasta estos mismos obreros, repetimos, van inconscientemente hacia el socialismo, redactan estatutos libres, reclaman aumento en los salarios y admiten como aliados de sus reivindicaciones hasta a los no cristianos. La confianza en Dios y sus santos no les basta: necesitan al mismo tiempo garantías materiales y las buscan, no en la dependencia absoluta y la obediencia perfecta, tan frecuentemente recomendada a los hijos de Dios, sino en la unión con sus camaradas, en la fundación de sociedades de mutuo interés y hasta en la resistencia activa contra cuanto los oprime. A las situaciones nuevas la religión cristiana no ha sabido oponer procedimientos nuevos: no pudiéndose acomodar a un ambiente que sus doctores no habían previsto, no tiene otro remedio que entretenerse con sus viejas fórmulas de caridad, de humildad, de pobreza, y fatalmente debe perder todos los elementos jóvenes, viriles, inteligentes y no conservar entre sus huestes más que a los pobres de corazón y de espíritu, en el sentido menos noble, gentes bienaventuradas a las que el Sermón de la Montaña promete el reino de los cielos. El catolicismo está virtualmente arruinado desde el día que, habiendo perdido todo genio creador en el arte, se quedó incapacitado para otra cosa que para imitar groseramente el neogriego, el neorromano, el neogótico y el neorrenacimiento. Es una religión de muertos y nada más.

Una prueba evidente de la impotencia real de todas las religiones presentes es el hecho de carecer de fuerza para contener el movimiento científico de los sabios y la instrucción del pueblo: lo más que consiguen hacer con sus esfuerzos es retener, nunca suprimir, la marcha del saber, que torpemente fingen secundar. No pudiendo impedir el establecimiento de escuelas, quisieran poder acapararlas todas, tomar la dirección, imponer la disciplina de la instrucción pública y disponer a su antojo de la cultura popular. En honor a la verdad es preciso decir que en algunas regiones lo han conseguido a maravilla. En nuestros días pueden contarse por decenas de millones los niños confiados a la solicitud intelectual y moral de los frailes y religiosos de diversas órdenes: la enseñanza de la juventud europea está abandonada casi por completo a la libre disposición de la autoridad religiosa, y hasta en los puntos donde esta autoridad está postergada por la autoridad civil se le ha concedido el derecho de revisar la enseñanza, imponiéndoles la neutralidad o aun la complicidad.

La evolución del pensamiento humano, que se realiza más o menos rápidamente según los individuos, las clases y las naciones, ha creado esta situación falsa y contradictoria, confiando la función de la enseñanza precisamente a gentes que la odian, que maldicen la ciencia, ateniéndose a la primera prohibición formulada por el mismo Dios. No tocarás el fruto del árbol del saber. La prodigiosa ironía de las cosas ha hecho que actualmente los elementos religiosos sean los que distribuyen ese fruto venenoso. Es curioso verles repartir esas manzanas del pecado con prudencia y parsimonia, al mismo tiempo que administran el contraveneno. Para ellos hay ciencia y ciencia, la que se enseña con toda clase de precauciones y la que debe callarse cuidadosamente. Un hecho considerado como moral pueden consentir que los alumnos lo aprendan de memoria; todo lo que pueda despertar el espíritu de crítica y de rebeldía es preciso ocultarlo con cautela. Comprendida de este modo, la historia no es más que un relato mentiroso; las ciencias naturales consisten en un conjunto de hechos sin cohesión, sin causa y sin fin; en cada serie de estudios las palabras ocultan las cosas; y en la enseñanza superior, donde es permitido abordar los grandes problemas, sólo hace esto por falsos derroteros, por vías indirectas, amontonando las anécdotas, las fechas y nombres propios, las hipótesis, los argumentos rancios de los viejos sistemas, de modo que la inteligencia, desorientada, confundida, vuelve cansada a las inocencias de la infancia o a las prácticas sin finalidad.

Y sin embargo, por falso y absurdo que sea tal procedimiento en la enseñanza, se dice que tal vez, contemplado en conjunto, resulte más bien útil que funesto. Todo depende de las proporciones de la mezcla y del nivel intelectual. Las únicas escuelas que se acomodan al programa contrarrevolucionario son aquellas cuyas directoras, santas hermanas, no saben ni leer y donde los niños sólo aprenden el signo de la cruz. El empuje de afuera ha penetrado en todas las escuelas, lo mismo en las de educación católica que en las de protestante, búdica o musulmana, en las cuales toda ciencia estaba reducida a simples fórmulas contenidas en frases rústicas y a extractos de libros no comprendidos. A veces un súbito resplandor surge de tanta confusión y una lógica consecuencia aparece en la mente del niño cuyo espíritu ha despertado; una alusión lejana adquiere el carácter de una revelación; un gesto mal reflexionado, un adjetivo aventurado pueden producir el mal que se quería evitar: el grito de vida ha salido de la confusión maldita, y he ahí que de repente el espíritu lógico del niño salta a terribles conclusiones. Las probabilidades de emancipación intelectual son más grandes aún en las escuelas, congregacionistas o no, donde los profesores, observando la rutina obligatoria de las lecciones y explicaciones nebulosas, se ven, no obstante, obligados a exponer hechos, a enseñar relaciones entre determinados fenómenos y a señalar sus leyes. Sean los que sean los comentarios con que un profesor acompaña sus enseñanzas, el nombre que escribe en la pizarra o dicta al alumno no puede corromperse. ¡Qué verdad prevalecerá? Más pronto o más tarde aquella en virtud de la cual dos y dos hacen eternamente cuatro y la que afirma que nada se crea de la nada. ¿Puede acaso triunfar sobre el espíritu moderno la antigua verdad que nos enseña que las cosas salen de la nada y nos afirma la identidad de un solo Dios en tres personas distintas?

Sin embargo, si la instrucción no se diera más que en las escuelas religiosas o del gobierno, podrían con fundamento acariciar la esperanza de mantener los espíritus durante mucho tiempo en el servilismo, pero por desgracia para unos y otros es fuera de las escuelas donde más se instruyen los hombres; en la calle, en el taller, en los barracones de la feria, en el teatro, en el vagón del ferrocarril, a bordo de los barcos: contemplando los paisajes nunca vistos, visitando las ciudades extranjeras se adquiere más instrucción que en los antros oficiales destinados a la enseñanza. Todo el mundo viaja actualmente por placer, por interés o por necesidad. No se celebra una reunión donde no se encuentren gentes que han visitado Rusia, Australia, América; y si los navegantes que han dado la vuelta al mundo son todavía una excepción, la generalidad, en cambio, ha viajado lo suficiente para ver el contraste que existe entre el campo y la ciudad, entre los países cultivados y los desiertos, entre el monte y la llanura, entre la tierra firme y el mar. De las gentes que viajan las hay seguramente que lo hacen sin método y como ciegos; cambiando de país no cambian de medio ambiente, viven como en su casa, por así decirlo; el lujo, los placeres de hotel no les permiten establecer las diferencias esenciales de un país a otro, de un pueblo a otro pueblo. El pobre que lucha con las dificultades de la vida es aún el que, sin cicerone, puede ver y observar mejor lo que le rodea. Además, en la gran escuela del mundo exterior, ¿no pueden apreciarse relativamente, hasta por los más ciegos, lo mismo ricos que pobres, los prodigios de la industria humana y los maravillosos productos que crea el trabajo, en provecho de los privilegiados? Caminos de hierro, telégrafos, máquinas hidráulicas, perforadoras, proyectores de luz se ven por todas partes y el desheredado que ha podido apreciar todo eso se da cuenta de por qué siente que su espíritu se engrandece contemplando tanto prodigio, al igual o más que el de un poderoso capitalista. Para el goce de algunas de estas conquistas de la ciencia el privilegio ha desaparecido. Conduciendo la locomotora a través de montes y llanos, doblando su velocidad o conteniendo la marcha a su capricho el maquinista no puede creerse inferior al soberano que viene arrastrado detrás de él, en un vagón dorado, sí, pero que no por eso deja de temblar, sabiendo que su vida depende de un escape de vapor, de un movimiento de balanceo, de un petardo de dinamita colocado sobre la vía.

La contemplación de la naturaleza y de las obras humanas, la práctica de la vida, he ahí la escuela donde se aprende la verdad y donde se hace la educación de las sociedades contemporáneas. Aunque algunas escuelas propiamente dichas hayan realizado cierta evolución en el sentido de la verdadera enseñanza, tienen sin embargo una importancia muy inferior a la de la escuela vivida en el ambiente social. El ideal anarquista no es por esto enemigo de la escuela, sino al contrario, partidario de engrandecerla, de hacer de la sociedad misma un inmenso organismo de enseñanza mutua donde todos sean a la vez alumnos y profesores, donde cada niño después de haber recibido nociones de todo, en sus estudios preliminares, aprendería a desarrollarse integralmente por sí mismo y con relación a sus fuerzas intelectuales en una existencia libremente elegida. Además, con escuelas o sin ellas, toda conquista de la ciencia acaba por entrar en el dominio público. Los sabios de profesión no han hecho durante muchos siglos de trabajo otra cosa que investigaciones y suposiciones, debatiéndose siempre en un medio de errores y falsedades; pero cuando la verdad ha sido al fin conocida, con frecuencia bien contra su voluntad y gracias a ciertos espíritus audaces, se ha revelado con todo su esplendor, clara y sencilla. Todos la comprenden sin esfuerzo; parece como si siempre hubiese sido conocida. En otro tiempo los sabios creían que el cielo era una inmensa cúpula, un techo de metal o una serie superpuesta de arcos, en número de tres, siete, nueve y hasta trece, teniendo cada una sus estrellas correspondientes, sus leyes diferentes, su régimen particular con legiones de ángeles y arcángeles para guardarlas. Pero después de que todos esos cielos superpuestos que nos habla la Biblia y el Talmud fueron destruidos, no hay ni un solo niño de cuantos frecuentan los estudios que ignore que el espacio es libre e infinito alrededor de la Tierra. Apenas si esto se aprende; constituye una verdad que definitivamente entró a formar parte, hace ya algunos años, de la herencia universal. En el mismo caso están todas las conquistas científicas; no se estudia, por así decirlo, se sabe; parece que estuvieran en el aire que respiramos.

Cualquiera que sea el origen de la instrucción, todos la aprovechamos, y el trabajador no es el que menos parte saca. Que un descubrimiento sea realizado por un burgués, un noble o un campesino, que el sabio sea el ceramista Palissy o el canciller Bacon, el mundo utilizará sus investigaciones. Cierto es que los privilegiados quisieran guardar para ellos los beneficios de la ciencia y dejar al pueblo en la ignorancia. A diario los industriales se apropian de este o el otro procedimiento químico, y con una patente, por ejemplo, se arrogan el derecho de fabricar exclusivamente, para sí solos, una cosa útil a la humanidad. No hace muchos años hemos visto a Koch, obligado por el emperador Guillermo a reivindicar la curación de todos los enfermos del

Imperio como un monopolio del Estado; pero como son infinitos los puntos de que la obra humana se ocupa, los deseos de los egoístas no pueden realizarse. Esos explotadores de la ciencia se encuentran en la misma situación que aquel mago de las Mil y una noches que abrió la redoma en donde desde hacía diez mil años dormía encerrado un genio. Quisieran hacerle entrar en su círculo, encerrarlo bajo siete llaves, pero han olvidado la palabra de conjuración y el genio se ha liberado para siempre.

Por un extraño contraste de las cosas resulta que para todas las cuestiones sociales en las cuales los obreros tienen un interés directo y natural en reivindicar la igualdad de los hombres y la justicia para todos, les es mucho más fácil que a los sabios de profesión el llegar al conocimiento de la verdad. Hubo un tiempo en que la gran mayoría de los hombres nacían y vivían esclavos y no tenían otro ideal que cambiar de servidumbre; nunca se les pudo ocurrir que un hombre vale tanto como otro. Actualmente ya se les ha ocurrido, y comprenden que esta igualdad virtual dada por la evolución debe cambiarse sin pérdida de tiempo en igualdad real, gracias a la revolución, o mejor dicho, a las revoluciones incesantes. Los trabajadores, instruidos por la vida, son bastante más expertos que los economistas de profesión sobre las leyes de la economía política. No se toman el enojoso trabajo de inútiles detalles y van derecho a las entrañas de los problemas, preguntándose si con esta o la otra reforma se asegurará el pan. Las diversas formas del impuesto, progresivo o proporcional, les dejan tan frescos porque saben que todos los impuestos son, en último recurso, pagados por los más pobres. Saben también que para la mayoría de ellos funciona una ley de bronce, en virtud de la cual el hambriento está condenado por su hambre misma a no percibir por su trabajo más que una ominosa remuneración de miseria. La dura experiencia les ha hecho conocer a fondo esta ley desgraciada que es consecuencia necesaria del derecho de la fuerza. Más aún, cuando el individuo se ha vuelto inútil para su amo y ya no vale nada para él, ¿no es habitual dejarlo perecer?

Así, sin paradoja alguna, el pueblo, o al menos la parte del pueblo que tiene la virtud de pensar, sabe sobre estas cuestiones bastante más que la mayor parte de los sabios, y esto, naturalmente, sin haber entrado jamás en la Universidad. Puede el obrero no conocer los detalles hasta el infinito, no estar iniciado en las mil fórmulas de los viejos libros; no tener la cabeza llena de nombres en todas las lenguas como un catálogo de biblioteca, pero su horizonte es más amplio, ve a mayor distancia: de un lado, los orígenes bárbaros; del otro, el porvenir transformado. Tiene también mejor comprensión de la sucesión de los acontecimientos; toma una parte más consciente en los grandes movimientos de la historia y conoce mejor las riquezas de la Tierra: en una palabra, es más hombre. Desde este punto de vista se puede decir que tal compañero anarquista amigo nuestro, juzgado por la sociedad digno de morir en un presidio, es realmente más sabio que toda una academia y que una multitud de estudiantes recién salidos de la Universidad, repletos de conocimientos científicos. El sabio tiene una inmensa utilidad como minero; extrae los materiales, pero no es él quien los emplea: es al pueblo, al conjunto de hombres asociados a quien corresponde la tarea de construir el edificio.

Que cada uno recurra a sus recuerdos y verá los cambios que desde mediados de siglo se han producido en el modo de pensar y de sentir y que necesitan por consecuencia modificaciones correspondientes en el modo de obrar. La necesidad de un amo, de un jefe o de un capitán en todo organismo era cosa fuera de toda discusión: un Dios en el cielo, aunque fuese el Dios de Voltaire; un soberano en el trono o en el sillón, aunque fuese un rey constitucional o un presidente de República; un cerdo en el engordadero, según la feliz expresión de uno de ellos; un patrono en cada fábrica o taller, un decano en cada corporación, un marido, un padre con gruesa voz en cada familia. Pero día a día los prejuicios se disipan y el prestigio de los jefes disminuye. Contra la corriente del día, que consiste en hacer alarde de creer, aun cuando no se cree en nada, y a pesar de los académicos y profesores de normal que deben su dignidad al fingimiento, al disimulo de sus ideas, la fe desaparece, y a pesar de los signos de la cruz y de las parodias místicas, la creencia en el Eterno Rey, de donde se derivan todos los jefes mortales, se disipa como el ensueño de una noche. Los que han visitado Inglaterra y los Estados Unidos después de veinte años de ausencia, se extrañan de la prodigiosa transformación que se ha realizado en los espíritus desde este punto de vista. Se había visto a muchos hombres fanáticos, intolerantes, feroces en sus creencias políticas y religiosas y se ve hoy, en aquellos mismos, gentes con la inteligencia abierta a todas las ideas libres, con amplio criterio y corazón generoso. Ya no se mueven impedidos por la alucinación de un Dios vengador.

La disminución del respeto es en la práctica de la vida el resultado más importante de esta evolución de las ideas. Preguntad a los sacerdotes de cualquier religión por la causa de sus amarguras y os contestarán sencillamente que ya nadie les consulta para nada y que su opinión no influye en la decisión ni siquiera de los creyentes. Y los grandes personajes ¿de qué se quejan?; pues de que se les trata como a los demás hombres: ya no se les cede el paso; ya nadie los saluda sino como a amigos o como a iguales. Cuando se obedece a los representantes de la autoridad, porque el ganapán lo exige, y por los signos exteriores de respeto, todo el mundo sabe lo que valen sus jefes: los propios subordinados son los primeros que les ponen en ridículo. No pasa semana sin que jueces con toda su investidura de seres omniscientes no se vean insultados y vapuleados por sus víctimas en el sitio mismo de su inviolabilidad. Desde el banco de los acusados se han lanzado a la cara del presidente del tribunal más de una vez zapatos y otros objetos. Pues ¿y los generales? A todos ellos, quien más quien menos, les hemos visto en pleno ejercicio de sus funciones, dándose importancia, hinchados, solemnes, inspeccionar las avanzadas por no atreverse a montar en globo o mandando a un oficial a examinar las posiciones del enemigo. Los hemos oído dar orden de destruir un puente que nada amenazaba y acusar a los ingenieros de haber construido un puente demasiado estrecho para una columna de ataque. Hemos escuchado con angustia el terrible cañoneo de Bourget, en donde algunos centenares de desgraciados quemaban su último cartucho, esperando en vano que el generalísimo enviara en su auxilio una pequeña parte de los quinientos mil hombres que obedecían a su voz. Luego presenciamos con estupor el bello caso Dreyfus, en el que los oficiales mismos nos probaron que los juramentos ordenados desde arriba y la administración de lupanares no son inconciliables con las costumbres y el honor del ejército. ¿Qué tiene, pues, de extraño que para quienes tales cosas han presenciado, el respeto se haya convertido en odio?

Es cierto; el respeto desaparece, no el justo respeto que une a los hombres rectos, abnegados y trabajadores, sino ese respeto bajo y vergonzoso que sigue a la riqueza o a la función; ese respeto de esclavo que lleva a la multitud de imbéciles a presenciar el paso de un rey y que transforma la figura de los caballos y del lacayo de un gran personaje en objeto de admiración. Y no sólo el respeto desaparece, sino que los mismos que pretenden merecer la consideración de todo el mundo son los primeros en comprometer, a los ojos de la generalidad, sus pretendidas condiciones de seres superiores. En otros tiempos los soberanos del Asia conocían el arte de hacerse adorar. Sus palacios sólo se veían desde lejos, sus estatuas se hallaban por todas partes, se leían sus escritos, pero ellos mismos no se dejaban ver por ningún lado. Los más familiares de su corte sólo llegaban hasta ellos arrodillados; a veces se corría un velo y sólo podían verlos a medias, con la rapidez de un rayo, dejando emocionada el alma de cuantos los habían entrevisto por tan breve espacio de tiempo. Entonces el respeto era bastante profundo para que el mundo viviera en la estupefacción: un mudo llevaba a los condenados un cordón de seda y el fiel adorador se ahorcaba inmediatamente. El súbdito de un emir en el Asia central debía presentarse ante su jefe con la cabeza inclinada hacia el hombro derecho, una cuerda atada al cuello, bien desnudo, con una cuchilla grande y afilada atada al cordón, a fin de que el señor no tuviera más que coger el arma según su capricho para deshacerse de su dócil esclavo. Tamerlán, paseándose por lo alto de una torre, hace un signo a los cincuenta cortesanos que le rodean y todos se precipitan en el vacío. ¿Qué son en comparación los Tamerlán de nuestros días sino más o menos apariencias de aquél, aunque siempre igualmente temibles? La institución monárquica real, convertida en pura ficción constitucional, ha perdido la sanción del respeto universal que le daba todo su valor. El rey, la fe, la ley, decían en otro tiempo. La fe ya no existe, y sin ella el rey y la ley se desvanecen transformados en fantasmas.

IX

&\> Situación presente y porvenir inmediato &\> Nacimiento de la Internacional &\>
Impotencia del proletariado en sus huelgas parciales contra la gran industria &\>
La huelga general y la huelga de soldados &\> La solidaridad de los huelguistas &\>
Asociaciones comunitarias, cooperativas y
anarquistas &\>

La ignorancia disminuye, y entre los evolucionistas revolucionarios el saber dirigirá pronto el poder. Éste es el hecho capital que nos da esperanza en el destino de la Humanidad. A pesar de la infinita complejidad de las cosas, la historia nos prueba que los elementos de progreso triunfarán sobre los de reacción.

Observando todos los hechos de la vida contemporánea, tanto los que indican una decadencia relativa como los que al contrario demuestran una marcha hacia adelante, nos encontraremos con que los últimos son superiores en valor y que la evolución cotidiana nos aproxima incesantemente a este conjunto de transformaciones, pacíficas o violentas, que anticipadamente se llama revolución social y cuya obra será, sobre todo, destruir el poder despótico de las personas y de las cosas y el acaparamiento de los productos del trabajo colectivo.

El hecho capital es el nacimiento de la Internacional de los Trabajadores. Sin duda que ésta existe en germen desde que los hombres de naciones diferentes se apoyan con simpatía y por interés común. Ésta adquirió una existencia teórica el día que los filósofos del siglo XVIII dictaron a la Revolución Francesa la proclamación de los Derechos del Hombre; pero estos derechos quedaron como simple fórmula y la asamblea que los proclamó ante el mundo se guardó bien de aplicarlos, puesto que ni siquiera osó abolir la esclavitud de los negros en Santo Domingo y sólo cedió algunos años después de sangrienta insurrección, cuando apuró el último recurso de triunfo. No; la Internacional, que en todos los países civilizados estaba en vías de formación, no adquirió conciencia de sí misma hasta la segunda mitad del siglo XIX y su origen lo encontró en el mundo del trabajo.

Las clases dirigentes no intervinieron en este movimiento. ¡La Internacional! Desde el descubrimiento de América y la circunnavegación de la Tierra, ningún otro hecho tuvo tanta importancia en la historia de los hombres. Colón, Magallanes, Elcano, fueron los primeros que comprobaron la unidad material de la

Tierra, pero la futura unidad normal que deseaban los filósofos no tuvo un principio de realización hasta el día que algunos trabajadores ingleses, franceses y alemanes, olvidando la diferencia de origen y comprendiéndose perfectamente a pesar de la diferencia de lengua, se unieron para no formar más que una sola nación, despreciando a todos los gobiernos de sus países. Al principio de la obra fueron pocos los afiliados; apenas ascendían a algunos miles de hombres los agrupados en esta asociación, célula primitiva de la futura Humanidad, pero los historiadores comprendieron la importancia capital del acontecimiento que acababa de realizarse y desde los primeros años de su existencia, durante la Comuna de París, se pudo ver por la destrucción de la columna de Vendome que las ideas de la Internacional eran ya una realidad viva. Cosa inaudita hasta entonces: los vencidos derribaron con entusiasmo el monumento de las antiguas victorias, no por balagar cobardemente a los vencedores de aquel momento, sino como testimonio de su fraternal simpatía hacia los hermanos que habían conducido contra ellos y de sus sentimientos de execración contra los señores y reyes que de una y otra parte guiaban a sus súbditos al matadero. Para los que saben colocarse fuera de luchas mezquinas de partido y contemplar desde lo alto la marcha de la historia, no existe en este siglo otro signo que tenga una significación más imponente que la destrucción de la columna imperial sobre un campo de estiércol.

Luego la han levantado nuevamente, lo mismo que después de la muerte de Carlos I y de Luis XVI restauraron la realeza en Inglaterra y Francia, pero todos sabemos lo que valen las restauraciones; se pueden reparar las grietas de las viejas paredes, pero los nuevos temblores del suelo no tardan en abrirlas nuevamente: los edificios pueden reedificarse, pero la fe primitiva que los había construido, una vez muerta no vuelve a nacer. Ni el pasado se restaura ni el porvenir se evita. Es cierto que todo un aparato de leyes prohibió la Internacional. En Italia la han calificado de asociación de malhechores y en Francia han promulgado contra ella las leyes facinerosas. A sus miembros se les castiga con la deportación, el calabozo y el martirio. En Portugal es un crimen duramente castigado pronunciar su nombre. ¡Miserables precauciones! Con cualquier nombre que se la designe, la Federación Internacional de los Trabajadores existe y se desarrolla sin cesar y es cada día más solidaria y poderosa. Hasta resulta una singular ironía el hecho de enseñarnos cómo los ministros, magistrados, legisladores y cómplices, son seres prontos a engañarse ellos mismos y a caer enredados en las mallas de sus propias leyes. Apenas hacen uso de sus nuevas armas, cuando ya oxidadas quedan inútiles. Prohíben la Internacional, pero lo que resulta imposible prohibir es el acuerdo natural y espontáneo entre todos los trabajadores que piensan; es el sentimiento de solidaridad que los une más fuertemente cada día; es su alianza cada vez más íntima contra los parásitos de todas las naciones y de todas las clases. Todas esas leyes no sirven más que para hacer grotescos a los majestuosos personajes que las redactan. ¡Pobres locos, ordenáis a la mar que retroceda!

Es cierto que las armas que los trabajadores emplean en sus luchas de reivindicación parecen ridículas, y lo son, en efecto, algunas veces; cuando tienen que quejarse de alguna injusticia, cuando quieren dar pruebas de su espíritu de solidaridad a algún compañero ofendido, o bien cuando reclaman aumento de salario o disminución en las horas de trabajo, no se les ocurre otra cosa que amenazar a los patronos con cruzarse de brazos: como los plebeyos de la República romana, abandonan la labor acostumbrada para retirarse a su Monte Aventino. Es cierto que no se les conduce nuevamente al trabajo contándoles fábulas sobre los Miembros y el Estómago, por más que los periódicos sesudos nos sirvan todavía ese apólogo en diversas formas, pero se los rodea de tropas, con el fusil cargado y la bayoneta calada y se los tiene en constante amenaza de ser fusilados; esto es a lo que llaman proteger la libertad del trabajo.

A veces los soldados disparan sus armas sobre los trabajadores en huelga; el suelo del taller o el borde de la mina se riega con sangre. Pero cuando las armas no intervienen, el hambre realiza peor que ellas su obra. Los trabajadores desprovistos de todo ahorro personal, privados de crédito, se hallan a los pocos días en presencia de la negra fatalidad; terminado el entusiasmo y la cólera de los primeros días, no les queda otro remedio, so pena de suicidio, que ceder, aceptando humildemente las condiciones impuestas y volver con la cabeza baja a la mina, a la que todavía ayer llamaban la mazmorra. Realmente la partida no es igual. De un lado el capitalista dispuesto a defender sus privilegios, su bienestar el panadero, el tendero y todos los abastecedores que se ponen del lado del señor, y el soldado que guarda su puerta y sus intereses con el arma al brazo; toda la potencia del Estado y hasta la de los Estados vecinos, si es necesario, se colocan a su servicio; del otro lado, sólo una multitud de hombres que miran al suelo avergonzados, temerosos de que alguien pueda ver en ellos las chispas de indignación y que vagan errantes, hambrientos, esperando un milagro.

Este milagro se realiza algunas veces. Un patrono necesitado es sacrificado por sus colegas, que juzgan inútil solidarizarse entre ellos; otro dueño de fábrica o taller, sintiéndose manifiestamente en el error, cede a la majestad de la verdad o a la presión de la opinión pública. En muchas pequeñas huelgas donde los intereses en lucha no representan más que un débil capital y el amor propio de los poderosos varones del dinero no puede lesionarse, los trabajadores obtienen fácilmente algunos triunfos: a veces algún ambicioso rival hasta llega a jugar una mala pasada a un colega, cuya competencia lo molesta, y lo indispone mortalmente con sus obreros. Pero cuando se trata de luchas de verdadera consideración, en donde entran en juego los grandes capitales, y el espíritu de cuerpo exige grandes energías, la enorme diferencia de recursos entre las fuerzas en conflicto no permite a los obreros acariciar la esperanza de la victoria. Los capitalistas pueden, además de sus poderosos recursos, contar con los que el Estado y las grandes compañías les proporcionan. La estadística anual de las huelgas nos prueba con cifras indiscutibles que en estos choques desiguales perecen los obreros cada día con más frecuencia. La estrategia de ese género de guerra nos es completamente conocida: los grandes industriales y las poderosas compañías saben perfectamente que en cuanto surge la menor diferencia con sus obreros, pueden disponer libremente del capital de las sociedades similares, del ejército y de la turba de los muertos de hambre.

Así, los historiadores del actual período deben reconocer que en las condiciones del medio la práctica de las huelgas parciales, por el procedimiento de cruzarse de brazos, ofrece pocas probabilidades de producir una transformación social. Pero lo que interesa estudiar, más que los sucesos de nuestros días, son las ideas y las tendencias que generan los acontecimientos futuros. El poder de la opinión en el mundo de los trabajadores, se manifiesta pletórico por encima de todo ese movimiento de huelgas que, en resumen, sólo sirve para reconocer y confirmar la personalidad colectiva del asalariado como tal, es decir, la subordinación de los obreros a los contratadores de trabajo. Pero en las asambleas donde el pensamiento de cada uno se precisa en la voluntad colectiva, el aumento de salarios no es el ideal aclamado: la apropiación del suelo, de las fábricas y talleres, considerada desde el punto de partida de la nueva era social, es el gran ideal que une en perfecto acuerdo a los obreros de todos los países. En Inglaterra, en los Estados Unidos, en el Canadá, en Australia, repercute el grito de Nacionalización de la tierra, y ya muchas poblaciones y hasta el gobierno de Nueva Zelanda han juzgado útil ceder parcialmente a las reivindicaciones populares. La literatura espontánea de cantares y refranes socialistas ¿no refleja ya la esperanza de tomar posesión un día de todos los productos del trabajo colectivo?

> *Esclavo del taller,*
> *Forzado de la mina,*
> *Ilota de los campos,*
> *Levántate, pueblo poderoso:*
> *¡Obrero, toma posesión de la máquina!*
> *¡Campesino, apodérate de la tierra!*

Y la naciente comprensión de los trabajadores no se evapora toda en cantares. Son muchas las huelgas que han tomado un carácter agresivo y amenazador. Ya no son solamente actos de desesperación pasiva, paseos de hambrientos pidiendo pan. Algunas de estas manifestaciones han tomado proporciones tales que los capitalistas han llegado a perder su acostumbrada indiferencia. ¿No hemos visto en los Estados Unidos a los obreros, dueños durante ocho días de todos los ferrocarriles del Estado de Indiana y de una parte de las vertientes del Atlántico? Durante la huelga de los cargadores y mozos, de cordel de Londres, todo el barrio de los Docks ¿no estuvo de hecho en poder de una multitud internacional, fraternalmente unida? Hemos visto más todavía. En Viena (cerca de Lyon) cientos de obreros y obreras, casi todos tejedores de lana, supieron realizar noblemente el acto del 1° de Mayo forzando la puerta de una de las fábricas donde más inicua era la explotación y procediendo no como vulgares salteadores, sino como justicieros. Solemnemente, en actitud casi religiosa, se apoderaron de una pieza de paño que ellos mismos habían tejido y tranquilamente se distribuyeron esta tela, de más de trescientos metros de largo. Y sabían que algunas compañías de gendarmes, llamadas por telégrafo, estaban situadas en la plaza pública dispuestas a fusilarles; pero sabían también que el acto de tomar posesión de los géneros de la fábrica, verdadera propiedad colectiva, monopolizada por el capital, serviría de ejemplo a los demás hermanos de trabajo y sufrimiento. Se sacrificaron, pues, por la obra común, y miles de hombres han prometido después continuar el camino emprendido por los valientes obreros de Viena. ¿No es ésta una fecha memorable en la historia de la humanidad? Esto fue una verdadera revolución en la perfecta acepción de la palabra; y si esta revolución hubiera tenido la fuerza de su lado, no habría terminado tan pacíficamente.

Lo que constituye una cuestión de importancia suma es saber si la moral de los obreros condena o aprueba actos de esta naturaleza. Si se encuentra dispuesta a aprobarlos, no tardará en determinar hechos sociales correspondientes. El albañil reclamará la casa que construye, lo mismo que el tejedor tomó la tela que había tejido, y el agricultor pondrá la mano sobre el producto que él mismo arrojó en el surco. Esta es la esperanza del obrero y esta es también la pesadilla del capitalismo. Ya algunos gritos de desesperación se han lanzado en el campo de los privilegiados, y algunos de entre ellos han recurrido a medidas supremas de salvación. Así, por ejemplo, la famosa fábrica de Homestead, en Pennsylvania, está construida como una ciudadela, con todos los medios de defensa y de represión que conoce la ciencia moderna. En otras fábricas se emplean con preferencia los condenados a trabajos forzados, que el Estado cede con benevolencia por un insignificante salario; todos los esfuerzos de los ingenieros se encaminan hacia el empleo de la fuerza bruta, de máquinas dirigidas por el impulso inconsciente de hombres sin ideal y sin libertad. Pero los que pretenden pasarse sin la inteligencia del obrero no lo consiguen más que con la condición de debilitarse ellos mismos, de mutilarse y preparar así la victoria de hombres más inteligentes que ellos: la prueba es que huyen ante las dificultades de la lucha que muy pronto les envolverá. En cuanto el espíritu de reivindicación haya penetrado en la masa de los oprimidos, todo acontecimiento, por insignificante que parezca, podrá determinar una explosión transformadora, lo mismo que una chispa inflama todo un barril de pólvora. Ya algunos signos precursores han anunciado la gran lucha. Cuando en 1890 resonó el grito de ¡primero de Mayo! lanzado por un desconocido cualquiera, tal vez por un camarada australiano, pudimos ver a todos los obreros del mundo unidos por un mismo pensamiento. Ese día quedó probado que la Internacional, oficialmente enterrada, había resucitado con mayor empuje y no a la voz de los jefes, sino por la presión de las multitudes. Ni los juiciosos consejos de los socialistas políticos ni el aparato represivo de los gobiernos pudieron impedir que los oprimidos de todos los países se sintieran hermanos y borraran las divisiones de nación con entusiasmo fraternal. Y sin embargo se trataba en apariencia de bien poca cosa, de una simple manifestación platónica, de una palabra de alianza. En efecto, patronos y gobernantes, ayudados por los mismos jefes socialistas, han reducido esta palabra fatídica a una simple fórmula sin valor. No obstante, ese grito, esa fecha fija, había tomado un sentido épico por su universalidad.

Otro grito espontáneo, imprevisto, puede producir resultados más sorprendentes todavía. La fuerza de las cosas, es decir, el conjunto de las condiciones económicas, seguramente hará nacer por una u otra causa y como resultado quizá de algún hecho sin importancia, una de esas crisis que apasionan hasta a los indiferentes, y veremos surgir súbitamente toda la inmensa energía que se ha almacenado en el corazón de los hombres por el sentimiento violado de la justicia, por los sufrimientos inexpiados, por los odios comprimidos. Cada día puede traernos una catástrofe. Por despedir a un obrero, por una huelga local, por una injusticia fortuita, por cualquier cosa, en fin, puede determinarse el principio de una revolución: es que todo sentimiento de solidaridad se generaliza cada día más y cualquier movimiento local tiende a conmover a la Humanidad. Hace algunos años un nuevo grito de alianza y de guerra resonó en todos los ámbitos del mundo: Huelga general. Este grito pareció extraño; se lo consideró como expresión de un sueño, de una esperanza quimérica, después se lo repitió en tono más alto, y actualmente repercute con tanta intensidad y frecuencia que el mundo capitalista tiembla al oirlo. No, la huelga general -y entiendo por tal no la simple cesación del trabajo, sino la reivindicación agresiva de todo el haber de los trabajadores no es imposible; más aún, se ha vuelto inevitable y puede estar próxima. Asalariados ingleses, alemanes, belgas, franceses, americanos, australianos, saben perfectamente que depende de ellos negarse en un día dado a trabajar más para los patronos; y lo comprenden hoy. ¿Por qué no lo practicarán mañana, sobre todo si la huelga de los trabajadores se une a la de los soldados? Los periódicos se callan unánimemente con perfecta prudencia cuando los militares se rebelan en masa o abandonan el servicio en grandes cantidades. Los conservadores de lo existente, que quieren a todo trance ignorar los sucesos que no están en perfecto acuerdo con sus deseos, no se avienen a la idea de que tal abominación social sea posible, pero sin embargo las deserciones colectivas, las rebeliones parciales y el negarse a disparar los fusiles sobre el pueblo son fenómenos que se producen con frecuencia en los ejércitos poco disciplinados y que son también conocidos en las más sólidas organizaciones militares. Los que de entre nosotros se acuerdan aún de la Comuna recordarán lo fácil que resultó al pueblo de París desarmar a los miles de soldados que Thiers había dejado en la ciudad y convertirlos a la causa popular. Cuando la mayoría de los soldados se haya convencida de la necesidad de huelga, la ocasión de realizarla no se hará esperar.

La huelga, o mejor dicho, el espíritu de huelga tomado en el sentido más amplio, tiene inmenso valor en el movimiento progresivo de la humanidad, más que por ninguna otra causa, por la solidaridad que establece entre todos los reivindicadores del derecho. Luchando por la misma causa, aprenden a amarse entre sí. Existen, además, trabajos de asociación directa, y éstos contribuyen también poderosamente a la revolución social. Es cierto que esas asociaciones de fuerza entre pobres campesinos y obreros industriales luchan con grandes obstáculos como consecuencia de la falta de recursos materiales entre los individuos. La necesidad de ganar el pan trabajando para otros les obliga abandonar el suelo natal para ofrecer sus fuerzas a quien más da o a quedarse en el pais aceptando las condiciones, por mezquinas que sean, que les impongan los distribuidores de la mano de obra. De cualquier modo viven esclavos, y la tarea cotidiana les impide ocuparse de los planes del porvenir, de elegir a su gusto asociados para librar la batalla de la vida. Así es que sólo de un modo excepcional pueden llegar a realizar una obra de amplitud escasa, por más que relativamente ofrezca en el medio ambiente un carácter nuevo de existencia. Esto no obstante, algunos indicios de la sociedad futura se muestran aquí y allá entre obreros, gracias a las circunstancias propicias y a la fuerza de la idea, que penetra hasta en el medio social en donde se agitan los privilegiados.

Con frecuencia se complacen en interrogarnos con sarcasmos sobre las diferentes tentativas de asociaciones, más o menos comunitarias, ensayadas ya en diversas partes del mundo, y poco sería nuestro juicio si la contestación a estas cuestiones nos molestara en nada ni por nada. Es cierto que la historia de estas asociaciones nos cuenta muchísimos más fracasos que éxitos, pero no puede ser de otro modo porque representan una revolución completa, que no está hecha todavía en los espíritus; es el reemplazo del trabajo individual o colectivo en provecho de uno solo, por el trabajo de todos en provecho de todos. Los individuos que se agrupan para formar esas sociedades con el ideal nuevo, no están ellos mismos, ni mucho mas, desembarazados completamente de las prácticas antiguas y los atavismos inveterados; no se han despojado todavía del hombre antiguo. En el microcosmo anarquista o armonista que han formado los impacientes, han tenido que luchar siempre contra las fuerzas de disociación, de disolución, que representan las costumbres, los hábitos, los lazos de familia, siempre tan poderosos, las amistades con sus sabios y desinteresados consejos, los deseos de ambiciones mundanas, la necesidad de aventuras, la manía de cambiar. El amor propio, el sentimiento de la dignidad, pueden sostener a los iniciados durante algún tiempo, pero al primer descontento que surge, todo el mundo se deja dominar por una secreta esperanza: la empresa fracasará y nuevamente se habrán de sumergir en las olas tumultuosas del mundo exterior. Se recuerda la experiencia de los colonos de Brook Farm en Nueva Inglaterra que, fieles a la asociación por un lazo de virtud, por fidelidad a su impulso primero, sufrieron no obstante el desencanto de ver destruido su palacio sacietario por un incendio, deslindándose así del compromiso contraído por ellos con una especie de juramento interior, aunque fuera de las formas monacales. Fatalmente la asociación estaba condenada a perecer, aun si el incendio no hubiera realizado el íntimo secreto de algunos de sus miembros, puesto que la voluntad profunda de los sometidos estaba en completo desacuerdo con el funcionamiento de la colonia.

Por causas análogas, es decir, por falta de adaptación al medio, han desaparecido casi todas las asociaciones comunitarias: no estaban reglamentadas, como el cuartel y el convento, por la absoluta voluntad de un jefe religioso o militar y por la obediencia no menos absoluta de los subordinados, soldados o frailes; además, no tenían todavía el lazo de perfecta solidaridad que da el respeto absoluto de las personas, el desarrollo intelectual y artístico, la perspectiva de un amplio ideal constantemente engrandecido. Los motivos de desunión y discusión son tanto más fáciles de prever cuanto que los colonos, atraídos por el espejismo de una región lejana, se dirigen para realizar lo que no es posible en tierras muy diferentes a las suyas, donde todo les parece extraño y donde la adaptación al suelo, al clima, a las costumbres locales los sume en las mayores incertidumbres. Los falansterios que, después de la fundación del segundo imperio, acompañaron a Victor Considerant a las llanuras septentrionales de Texas, marchaban a una ruina segura, puesto que iban a establecerse en medio de poblaciones cuyas costumbres brutales y groseras debían necesariamente chocar con su fina epidermis de parisienses, y porque habían de ponerse en contacto con la abominable institución de la esclavitud de los negros, contra la cual hasta les estaba prohibido por la ley exponer su opinión. La misma suerte le llevó a la tentativa de Freiland o de la Tierra libre. Establecida bajo la dirección de un oficial prusiano y en regiones sólo conocidas por vagos relatos y penosamente conquistadas en una guerra de exterminio, presentaba a los ojos del historiador algo de necio: estaba previsto anticipadamente que todo aquel conjunto de elementos heterogéneos no podía unirse en perfecta armonía.

Ninguno de esos fracasos es bastante, sin embargo, para desalentarnos, porque los esfuerzos sucesivos indican una tensión irresistible de la voluntad social: ni los inconvenientes ni las burlas pueden cambiar el rumbo de los estudiosos tenaces. Podemos citar, como ejemplo, las sociedades cooperativas de consumo y otras que en su principio tuvieron muchas dificultades y que actualmente han alcanzado en su mayoría una prosperidad maravillosa. No cabe dudar que algunas de esas asociaciones han tomado mal rumbo, sobre todo las que han prosperado, en el sentido de que los beneficios realizados y el deseo de multiplicar la importancia han encendido el funesto deseo del lucro entre sus miembros, o al menos los han alejado del primitivo fervor revolucionario de su juventud. Este es el más temible peligro, porque ya en sí la naturaleza humana está siempre dispuesta a buscar pretextos para evitarse los riesgos de la lucha. ¡Es tan fácil detenerse contemplando su obra! ¡En ciertas situaciones es tan cómodo separarse de los peligros que trae consigo la abnegación en defensa de la causa revolucionaria en toda su magnitud! Se empieza por decir que es preciso hacer triunfar la empresa, en la cual el nombre de sus miembros y el honor colectivo están empeñados, y poco a poco se dejan arrastrar por las pequeñas prácticas del habitual comercio: en un principio se tuvo el firme propósito de transformar el mundo, y buenamente se transforman ellos en tenderos. No obstante, los anarquistas estudiosos y sinceros pueden sacar provechosas enseñanzas de las cooperativas que han surgido por todas partes y que se agregan unas a otras, constituyendo organismos cada día más vastos, de modo que pueden abrazar funciones muy diversas de industria, transportes, agricultura, ciencia y arte. La práctica científica del apoyo mutuo se generaliza y se hace fácil; sólo nos resta darle su verdadero sentido y su moralidad, simplificando todo ese cambio de servicios, no guardando más que una simple estadística de productos y consumo en el puesto de todos esos grandes libros con el Debe y el Haber que son perfectamente inútiles.

Y esta revolución profunda no sólo está en vías de realizarse, sino que se ha realizado ya en algunos lugares. Con todo, creemos que sería inútil señalar las tentativas que nos parece que se aproximan más a nuestro ideal, porque las probabilidades de éxito no pueden aumentarse si el silencio continúa protegiéndolas, ni si el ruido y el reclamo las turba en sus modestos principios. Recordemos la pequeña sociedad de amigos que se agruparon con el nombre de la Comunidad de Montreuil. Pintores, carpinteros, horticultores, amas de llave, maestras de escuela, se propusieron trabajar unos para otros sin necesidad de un tenedor de libros que les sirviera de intermediario y sin pedir consejo al escribano ni hacer caso del cobrador de impuestos. El que tenía necesidad de una silla o una mesa iba y la tomaba en casa del amigo que las fabricaba; el que no tenía la casa en el estado de limpieza que era de su deseo avisaba al compañero para que trajese los pinceles y el color. Cuando hacía buen tiempo las ciudadanas lavaban la ropa y la planchaban con gusto y esmero; luego se iban paseando a coger las legumbres que necesitaban al campo que el compañero horticultor trabajaba; diariamente los pequeños recibían su lec-

ción en casa de la maestra. ¡Era demasiado hermoso! Tal escándalo debía cesar ... Afortunadamente un atentado anarquista vino a
llenar de espanto a los burgueses, y el ministro cuyo nombre recuerdan las convenciones facinerosas había tenido la buena idea
de ofrecer a los conservadores, como regalo de Año Nuevo, un
decreto de arresto y de minuciosas pesquisas. Los bravos comuni-
tarios de Montreuil cayeron bajo el decreto, y los más culpables,
es decir, los mejores, tuvieron que sufrir esa tortura que se llama
prisión preventiva algunos meses. Así mataron a la temida Comunidad; pero no hay que desesperar, resucitará.

X

കൗ La Internacional de los oprimidos y la Internacional de los opresores കൗ La revolución inevitable y las dificultades previsibles കൗ

Recuerdo, como si la viera todavía, una hora cruel de mi existencia, en la que las amarguras de la derrota sólo me estaban compensadas por la alegría misteriosa y profunda, casi inconsciente, de haber obrado según los dictados de mi corazón y mi voluntad, de haber conservado mi personalidad a pesar de los hombres y el destino. Desde entonces un cuarto de siglo ha transcurrido ya.

La Comuna de París estaba en guerra con las tropas de Versalles, y el batallón del que yo formaba parte había caído prisionero en la meseta de Chatillon. Era por la mañana; un cordón de soldados nos rodeaba y los oficiales burlones se daban importancia delante de nosotros. Algunos nos insultaban; uno de ellos, que más tarde fue un elegante parlanchín del Parlamento, peroraba sobre la locura de los parisienses, pero nosotros nos preocupábamos de otra cosa que de escucharlo. Uno de entre ellos, el que más me apaleó, era un hombre que no hablaba; mirada dura, cara de asceta, probablemente algún huraño del campo, educado por los jesuitas. Andaba lentamente por el borde abrupto de la meseta, y se destacaba en negro como una fea sombra sobre el fondo luminoso de París. Los rayos del sol naciente se esparcían como hebras de oro sobre las casas y las cúpulas: ¡jamás la hermosa ciudad, la ciudad de las revoluciones, me había parecido tan bella!

-¿Ven ustedes su París? -nos decía el hombre sombrío señalándonos con su espada el deslumbrante cuadro-. Pues bien, no quedará una piedra sobre otra. Y repitiendo de acuerdo con sus maestros esta frase bíblica aplicada a Nínive y Babilonia, el fanático oficial creía sin duda que su expresión de odio sería una profecía. París, sin embargo, no ha sido derribada: no solamente está de pie, piedra sobre piedra sino que aquellos cuya existencia hacía execrable a la ciudad, es decir, los treinta y cinco mil hombres que fueron degollados en las calles, en los cuarteles y cementerios no murieron en vano y de sus cenizas han nacido los vengadores. ¡Cuántos otros París, cuántos otros focos de revoluciones han salido desde entonces al mundo! Dondequiera que vayamos, a Londres, a Bruselas, a Barcelona, a Sidney, a Chicago, a Buenos Aires, por todas partes tenemos amigos que sienten y hablan como nosotros. Bajo la gran fortaleza que fundó la Roma de los Césares y los Papas, el suelo está minado completamente y todo el mundo teme la explosión. Se hallará aún, como en el siglo XVIII, algún Luis XV bastante indiferente que, levantando los hombros, exclame: Después de mi, el diluvio. La catástrofe vendrá tal vez hoy, Quizá mañana. Baltasar está en el festín, pero no ignora que los persas están escalando las murallas de la ciudadela.

Lo mismo que el artista que pensando siempre en su obra la tiene completa en la cabeza antes de pintarla o escribirla, el historiador ve anticipadamente la revolución social: para él es ya cosa hecha. Sin embargo, nosotros no nos alimentamos de ilusiones; sabemos que la victoria definitiva nos costará todavía mucha sangre, muchas fatigas y muchas angustias. A la Internacional de los oprimidos se opone la Internacional de los opresores. En todo el mundo se forman sindicatos para acapararlo todo, productos y beneficios, y su propósito es alistar a todos los hombres en un inmenso ejército de asalariados. Y esos sindicatos de millonarios y de fabricantes, circuncidados y no circuncidados, están absolutamente seguros de que el todopoderoso dinero les proporcionará la protección directa de todos los medios de represión y toda la fuerza del gobierno: ejército, magistratura y policía. Esperan, además, que provocando los odios entre razas y pueblos, conseguirán mantener las multitudes en situación explotable, en ese estado de ignorancia patriótica y salvaje que mantiene el servilismo. En efecto, todas esas viejas miserias, esas antiguas tradiciones de guerras v esperanzas de revancha, esa ilusión de la patria, con sus fronteras y sus guardias civiles, y las cotidianas excitaciones de periodistas y patrioteros de profesión nos presagian aún muchas penas y luchas; pero tenemos una ventaja en la que nadie puede igualarnos, y es que nuestros enemigos saben que persiguen una obra funesta y nosotros sabemos que la nuestra es buena; ellos se odian, nosotros nos amamos; ellos se esfuerzan en hacer retroceder la historia y nosotros marchamos con ella.

Así, los grandes días se aproxíman. La evolución se ha producido; la revolución no tardará en llegar. Después de todo, ¿no se hace constantemente ante nuestros propios ojos, manifestándose por continuos movimientos? Cuanto más aprendan las conciencias, que constituyen la verdadera fuerza, a asociarse sin abdicar, tanto más tendrán conciencia de su valor los trabajadores, que constituyen el número. En último término, toda oposición tendrá que ceder y hasta ceder sin lucha. Llegará un día en que la evolución y la revolución se sucederán inmediatamente, del deseo al hecho, de la idea a la realización; todo se confundirá en un mismo fenómeno. Así es como funciona la vida en un organismo sano, lo mismo en el de un hombre que en el de un mundo.

❧ Del heroismo en los estudiantes y en los profesores ❧

Discurso pronunciado el 22 de octubre de 1895
durante la sesión de apertura de la Universidad Nueva de Bruselas.

Reunidos en solemne asamblea general, todos nosotros, amigos, alumnos y profesores de la Universidad Nueva, acabamos de proclamar otra vez nuestra dedicación a la obra común, que ha entrado ya en su período de experiencia decisiva. ¿Realizaremos todas las esperanzas que se ponen en nosotros o bien seremos inferiores a la tarea emprendida? Tenemos plena confianza en el éxito, pero cualesquiera que hayan de ser nuestros destinos, vamos hacia adelante, asociando nuestros esfuerzos, y tomando cada cual nuestra parte de la responsabilidad colectiva con el altivo sentimiento de nuestro deber y la poderosa resolución de triunfar.

Pero, ¿con qué derecho -se me preguntará- hablo aquí de voluntad y de esfuerzos comunes cuando, como individuos, presentamos tan grande diversidad de pensamiento y principalmente de ideales sociales? Ese perfecto acuerdo que invocamos, ¿no será más que ilusión pura, y la unidad que nos es indispensable, sólo una quimera? No; ese acuerdo, esa unidad existen, porque, por diferentes que seamos entre nosotros por el carácter, la comprensión de la Historia, las aspiraciones hacia un porvenir próximo, todos reconocemos con absoluta unanimidad y en su entera plenitud la libertad del pensamiento: la proclamamos con toda la potencia de nuestro ser y cada uno de nosotros encuentra en ello la garantía de su enseñanza. La reivindicación del pensamiento libre fue el origen mismo de nuestra existencia como grupo de enseñanza; ella será también constantemente la condición de vida y de prosperidad de esa enseñanza. Una llama libre, de resplandor modesto, sin duda, pero alerta y vivo, arde sobre el altar que hemos levantado con nuestras manos: esa irradiación alegre la alimentamos con una atención celosa, porque es en ella donde vemos resplandecer nuestra alma colectiva.

Así podemos afirmar altamente nuestro derecho a hablar de una voluntad común. La ciencia, tal como la concebimos, tal como trataremos de interpretarla, tiene el ligamen por excelencia que da el respeto sin límites al pensar del hombre. Tendrá también el lazo que nos aseguran la comunidad del método, la voluntad firme de no sacar conclusiones que no se deriven de la observación y de la experiencia, de descartar escrupulosamente todas las ideas preconcebidas, puramente tradicionales o místicas. En fin, contamos con un tercer lazo, el que los alumnos y los oyentes anudarán entre nosotros por su amor a la verdad, por su alto espíritu de estudio sincero y desinteresado. A ellos corresponde elevarnos y mantenernos muy alto por el llamado constante que tienen derecho a hacer a nuestro celo, porque nosotros les debemos una enseñanza, si no siempre nueva, al menos incesantemente renovada por la perseverante investigación y la reflexión profunda. Puesto que aceptamos esta tarea grandiosa y temible -contribuir a formar hombres-, los estudiantes que vengan a escucharnos podrán exigir de nosotros una abnegación unánime y completa a la causa que representamos. Lo mismo que Emerson, nos dirán con toda justicia que la primera cualidad del hombre que se consagra a la verdad científica es el heroísmo.

Esta cualidad que el filósofo americano pide al profesor, puede, con un derecho igual, incluso superior, pedirla el alumno, porque éste nos permite más vastas esperanzas; es a él a quien pertenece el porvenir. Muchos de entre nosotros casi han concluido su vida; los jóvenes que vienen a nosotros apenas la han comenzado, y nosotros debemos ayudar a que la vivan noblemente. Sobre todo aquéllos deben ser héroes, y nosotros, que tenemos una parte de responsabilidad en su existencia, no sabríamos proponerles un ideal demasiado grandioso, pedirles realizaciones demasiado elevadas.

Aun en lo que concierne únicamente a los estudios, el objetivo que debe alcanzar el alumno es de un singular rigor y, si se quiere observar bien, su realización le costará grandes esfuerzos en valor y en perseverancia. A la entrada misma de los cursos le será necesario elegir entre dos maneras de concebir la vida de disciplina intelectual. Millares de jóvenes, se sabe, tratan de simplificar su trabajo aprendiendo de memoria las fórmulas de sus manuales, remachando frases expectoradas ante ellos por profesores célebres, rompiéndose la cabeza en secas definiciones, sin color y sin vida, como las de un diccionario. Pero no es eso lo que nosotros esperamos de un estudiante digno de su bello nombre. Al contrario, lo ponemos vivamente en guardia contra todos los formularios y los guía-asnos que no gustan de los libros ni tampoco de la Naturaleza; le decimos que desconfíe de los programas que limitan la inteligencia, de los cuestionarios que la anquilosan, de los resúmenes que la empobrecen, y le aconsejamos que estudie por sí mismo, con todo el entusiasmo del descubrimiento. Sin duda, puesto que los reglamentos universitarios lo quieren así y que, en las familias mismas, pocos padres tienen el valor o incluso la posibilidad material de preferir para sus hijos el estudio puramente desinteresado de la ciencia a la que se gradúa por exámenes y diplomas, sin duda la mayor parte de los jóvenes inscritos en nuestros cursos tendrá ante sí la perspectiva de fórmulas a aprender y de preguntas oficiales que responder; pero estas pruebas, que se consideran a menudo como el acontecimiento capital de los estudios, será para ellos, si verdaderamente son hombres, una preocupación muy secundaria. Su grave preocupación consistirá no en aparentar que saben, sino en saber.

Comenzarán, pues, con toda ingenuidad de espíritu, por el estudio alegre y libre de la ciencia por sí misma, sin recurrir nunca a los memorándum con que se pretende favorecerles. La Naturaleza, tal será su gran campo de observación todo lo a menudo que les sea posible contemplarla; es a ella a la que deben interrogar, escrutar directamente, sin tratar de verla más o menos falseada, a través de las descripciones de los libros o los cuadros de los artistas. Estudiarán también la naturaleza más restringida, pero más intensa, que presentan los seres vivos, sobre todo el hombre, con las mil alternativas de la salud y de la enfermedad.

Fuera de todos los volúmenes que el tiempo envejece, ¿no están ahí los libros por excelencia, los libros siempre vivientes en donde, para el lector atento, nuevas páginas, cada vez más bellas, se agregan incesantemente a las precedentes?

Eso no es todo: el lector se transforma en autor. Gracias al poder de magia que le da la experiencia, puede suscitar cambios a su antojo en la Naturaleza ambiente, evocar fenómenos, renovar la vida profunda de las cosas por las operaciones del laboratorio, convertirse en creador; por decirlo así, transfigurarse en un Prometeo portador del fuego. ¿Y qué palabra impresa, bien aprendida de memoria, podrá nunca reemplazar para él esos actos verdaderamente divinos? Y, sin embargo, puede tener más todavía si la amistad de otros compañeros de labor dobla sus fuerzas.

Las conversaciones serias con los compañeros de estudios, buscadores como él de la verdad, elevarán y afirmarán su espíritu, le adiestrarán en todos los ejercicios del pensamiento, le darán el atrevimiento y la sagacidad, enriquecerán hasta el infinito el libro de su cerebro y le enseñarán a manejarlo con una perfecta soltura.

Sin duda, entre los jóvenes que se preparan para los estudios fuertes hay algunos muy excepcionales que tienen una potencia de absorción y de digestión intelectuales suficiente para utilizar toda modalidad de instrucción, incluso la de los manuales, de la manera más feliz en apariencia: aprovechan de todo, incluso de los formularios más insípidos, como esos trabajadores de buena salud para los cuales, según un proverbio enérgico, para digerir todo es bueno. Pero, por dispuestos que estén para las distintas formas de instrucción, tienen que desconfiar sobre todo de su excesiva facilidad: es un peligro capital el comprender demasiado pronto, sin trabajo, sin esfuerzo ni larga labor de asimilación. Se rechaza negligentemente el hueso que otro hubiese lamido hasta el tuétano; se deja ir a la indiferencia, casi al desprecio de las cosas más bellas; se desgasta vergonzosamente a propósito de la ciencia que debería suscitar tanto respeto, evocar tanta alegría profunda; en fin, se limita a repetir lo que otros han dicho, en lugar de aportar en su lenguaje el acento personal, la altiva originalidad.

Es, pues, de arriba, desde muy arriba que el estudiante verdaderamente amante del saber debe preludiar esas formalidades de fin de año, esos triviales exámenes de salida, que le darán una estampilla oficial, símbolo de pereza y de detención definitiva del estudio para los cobardes, cuando para los valientes no implica siquiera un tiempo de reposo en la continua labor. Sin duda, se requieren exámenes en el alto sentido de la palabra, y la enseñanza de los filósofos griegos, tal como la reproducen los Diálogos de Platón, no consistía en realidad más que en una conversación permanente del estudiante con su propio pensamiento, en su examen continuo del alumno por sí mismo, bajo la evocación de un Sócrates o de otro pensador.

Cuando se trataba ante todo de conocerse a sí mismo, ese examen incesante era necesario al hombre que estudiaba; ahora se hace más indispensable, puesto que se trata de conocer a la Naturaleza, de la que cada individuo no es más que una simple célula. Así, el joven que vive de su enseñanza debe interrogarse y responderse sin cesar, con toda probabilidad y severidad: comparadas con este examen personal, las formalidades usuales de fin de año son poca cosa; le bastará una conciencia tranquila y no experimentará disgusto en formular con voz alta lo que su inteligencia ha comprendido desde hace mucho tiempo. Le bastará dar mentalmente a las cuestiones casi siempre incoherentes del examen la unidad que les hace falta.

La dignidad del estudio es a ese precio. A vosotros os corresponde elegir, puesto que tenéis la conciencia de vuestra responsabilidad; a vosotros os corresponde decidir cómo utilizaréis la enseñanza de vuestros profesores y amigos, sea para amontonar en vuestra memoria palabras que olvidaréis pronto, sea para abarcar en vosotros ese mundo del conocimiento que crece sin cesar y del cual cada hecho nuevo despierta un entusiasmo siempre renaciente. Si el heroísmo de un trabajo a la vez ascético y alegre os asegura esa noble conquista de la ciencia, ¿no seréis ampliamente compensados por todas las pequeñas miserias que la vida aporta consigo? Pero si no habéis tenido otro mérito, en el día final, que el de responder a cada pregunta, como un eco más o menos fiel; si no habéis tenido la plena independencia de vuestro espíritu original y personal, se preguntará uno si sois verdaderamente dignos de la ciencia que pretendéis amar y se os acusará quizá de una ambición mezquina, la de las ventajas materiales aseguradas por el examen. Se podría entonces, como se hace en Rusia, calificaros, con un matiz de desprecio, con el término de carreristas y trataros de aprendices industriales que recuerdan fórmulas lucrativas para acumular oro. ¡Triste y vergonzosa piedra filosofal!

Al que ha mordido francamente el fruto del árbol de la ciencia, durante toda su vida ese alimento le será indispensable: el aprender formará parte de su existencia misma. Importa pues que su trabajo se prosiga con método, de una manera armónica y ponderada, de suerte que no se convierta en prisionero de sus propios estudios, sino que quede dueño de ellos. Así, como acaba de decirse, el estudiante debe ocuparse ante todo de los estudios hacia los cuales le impulsa su genio particular y cavar muy profundamente en la ciencia especial que siente la vocación de profesar. Con muy justo título se os ha prevenido contra un peligro, el de difundiros en demasiadas investigaciones a la vez, con el riesgo de no ser más que aficionados, de no tener más que una visión superficial de las cosas; pero hay que preveniros también contra el peligro opuesto, el de una especialización extrema, peligro tanto más temible cuanto que algunos se dejan ir fácilmente a considerarle como un objetivo a alcanzar.

Hubo un tiempo, todos lo recuerdan, en que se veía en la extrema división del trabajo una de las realizaciones más deseables de toda gran industria manufacturera; los economistas auspiciaban esa división con un entusiasmo casi religioso y se exaltaban en la descripción de la fabricación de un alfiler, obtenido por el trabajo de un centenar de obreros, cada uno de los cuales durante días, meses, años -durante la vida entera-, tenía que hacer el mismo movimiento, dar el mismo golpe de cincel, de lima o de bruñidor. Esta especialización absoluta de las funciones del organismo industrial ha cesado de parecer tan perfectamente admirable, y algunos se preguntan si está conforme con el respeto del hombre por el hombre el cambiar un ser humano en un simple instrumento condenado durante toda su existencia a no hacer más que un solo movimiento mecánico, deformando el cuerpo, subyugando, aniquilando el espíritu.

De igual modo se puede dudar de que la recomendación habitual, continuamente repetida a los jóvenes sabios, de mantenerse estrechamente en su especialidad -en su Fach o cajón, como dicen los alemanes-, sea verdaderamente favorable al desarrollo intelectual del individuo y al progreso de la ciencia en su conjunto. El químico que es simplemente químico y que se liga estrictamente a una cuestión particular en el dominio infinito del saber, ¿adquiere un conocimiento más íntimo y más profundo que el compañero que ha llegado a ser al mismo tiempo biólogo y físico, y capaz de estudiar los hechos infinitamente complejos, en el múltiple resplandor de varias ciencias? En toda su investigación se encuentra en presencia de cuestiones que promueven como por rebote una sucesión indefinida de problemas en todo el saber humano.

Yo no quiero citar más que un ejemplo tomado en el rincón más estrecho de mi especialidad geográfica, envidiosamente vigilada por tantos sabios. Una de sus recomendaciones más urgentes para el estudio de los mapas consiste en enseñar a los niños a tomar la medida de su aula con sus bancos, sus mesas, sus pobres paredes blancas o decoradas sin gusto. ¡He ahí el microcosmo que se trata primero de conocer a fondo, de medir en todos los sentidos, de cartografiar, de situar en el espacio relativamente a las calles y a las casas de los alrededores! Pero un obstáculo se presenta de inmediato. Para orientar esas mesas, esos bancos, esas paredes, no hay que salir ya de la habitación a fin de trazar líneas indefinidas hacia los puntos cardinales, es decir, más allá de la Tierra, de la Luna y del Sol, de las estrellas y de las vías lácteas, ¿hasta el mundo sin límites del éter desconocido? ¡Para sus comienzos en la ciencia el alumno debe encerrarse en un agujero, y he ahí que el Universo se abre a su alrededor en su inmensidad!

Y para todas las ciencias sería fácil hacer observaciones análogas porque no se podría imaginar un solo hecho que no se halle en el punto de cruce de todas las series de fenómenos que se estudian en la Naturaleza: para explicarlo completamente haría falta saberlo todo. Así, el estudiante ve prolongarse ante él la perspectiva de un campo de estudios ilimitado. Un buen método exige que en ese infinito trate de conocer a fondo, con una precisión, una claridad perfectas, cada punto que se relacione con la especialidad de que sea en el mundo el intérprete escuchado con deferencia; pero que en las otras ciencias tenga claridades de todo, como la mujer de Moliere, que no ignoraba ninguno de los grandes órdenes de hechos, ninguna de las ideas generales; que abarque en su espíritu todo el saber posible, a fin de apreciar todos los progresos que se realizarán en el mundo del pensamiento y se sienta vivir por todos los foliculos de su cerebro.

Además del peligro de una especialización demasiado estrecha, en un cerebro desprovisto de horizonte, existe otra especialización que sería más peligrosa todavía si se pudiese admitir su sinceridad perfecta y si no cometiese por una parte en vanidad, por otra en hipocresía. Aun en ciertas obras de alto saber, donde no se esperaría hallar semejantes pobrezas, se habla de ciencia alemana o de ciencia francesa, de ciencia italiana o de alguna otra ciencia llamada nacional, como si la noción misma del conocimiento no excluyese todas las supervivencias de fronteras y de enemistades nacionales. No hay ni Alpes, ni Pirineos, ni Balcanes, ni Vístula, ni Rin para transformar la verdad del lado de acá en error del lado de allá. Es en perfecta comunión fraternal como los sabios separados por montañas, ríos o mar tienen que juzgar del valor de una hipótesis o de una teoría: la nacionalidad de un inventor no agrega nada al valor de su descubrimiento y no le quita nada. Y por otra parte, ¿cómo dar un timbre nacional a lo que por su esencia misma es de origen infinitamente múltiple, al producto de una colaboración universal de todas las naciones y de todos los tiempos? ¡Qué sería de los más audaces de los sabios si de repente las teorías de Euclides, la tabla llamada de Pitágoras y las leyes ce Arquímedes les faltaran, si el alfabeto de los fenicios y las cifras árabes desaparecieran de su memoria? Cada hombre de ciencia no es nada más que un representante de la inmensa Humanidad pensante, y si lo olvida disminuye otro tanto la grandeza dc su obra. ¡Qué asombro acogería al hombre de estudio que proclamase la gloria de la ciencia gascona, burgonda, normanda campinense! Y el ridículo, ¿es menor para el que se vanagloria de ser un astro en la pléyade francesa o en la constelación romana?

¡Y, sin embargo, se atreve incluso a emitir la pretensión curiosa de restringir la ciencia a los intereses de un partido, de una clase, de un soberano! Ciertamente, tal químico famoso se prestó ampliamente a la risa cuando presentó al rey Luis Felipe dos gases que iban a tener la felicidad de combinarse ante él; pero, ¿es preciso reír o llorar cuando se oye a un profesor eminente y de muy alto saber, pero teniendo quizá que hacerse perdonar su nombre francés, reivindicar un privilegio para los sabios alemanes, el de ser los guardias intelectuales de la imperial casa de los Hohenzollern?

Admitiendo que el estudiante ideal, tal como lo soñamos en vosotros, sepa perfectamente dirigir su trabajo y dar a su ciencia toda la altura y la amplitud necesarias, le quedará siempre por resolver la gran cuestión planteada ante los hombres desde la leyenda relativa al árbol del conocimiento y al fruto prohibido. Le será preciso probar con su ejemplo que se llega a ser realmente feliz por el acrecentamiento del saber. Si no, las almas timoratas se complacerán siempre en pensar que hubiera valido más pudrirse en la ignorancia primitiva, y hasta entre aquellos que estudiaron se encontrarán ciertamente quienes, fatigados del largo esfuerzo, se dejarán desalentar, cesarán de confiarse a su razón. Consentirán en que se les vende los ojos o al menos en que se les proporcione pantallas, anteojeras y viseras, y en lo sucesivo, ciegos o semiciegos, se remitirán a la guía de los hombres que se dicen ilustrados por la luz celeste de la fe, católica en la Europa occidental, ortodoxa en Rusia, brahmánica en la India, budista en el Extremo Oriente, o en todas partes vallamente mística, abandonada a las fuerzas desconocidas del más allá.

Podemos comprender en efecto dos especies de dicha, dadas ambas por la paz de la conciencia. La primera, que glorifica Tolstoi, es la del humilde de espíritu, del primitivo que no pide nada y se deja vivir, reconociendo todo lo que el destino le trae, fortuna o infortunio; la segunda es la felicidad del hombre fuerte que trata siempre de conocer su camino y que, aun en la incertidumbre del espíritu, conserva una perfecta igualdad del alma, porque sabe dirigir sus estudios y sus actos para llegar a la calma suprema conquistada por la bondad y el querer incesante. Entre esos dos géneros de dicha, ¿hay un tercero, el que buscaba Pascal por el embrutecimiento del pensamiento? Es permitido dudar de ello, porque Pascal y todos los que gustaron ya del fruto de la ciencia no conseguían olvidar completamente lo que habían aprendido. Es demasiado tarde para que vuelvan a encontrar la dicha en la simplicidad de la ignorancia; la lucha de los dos principios que les atenazan no puede menos que arrastrarlos al sufrimiento y también a la desesperación. Para ellos no habría más que una salvación: no mirar hacia atrás, avanzar resueltamente hacia adelante por el camino del saber.

Recuérdese que, en ocasión de los grandes acontecimientos de la Revolución Francesa, cuando tantos hombres inteligentes eran amenazados por la cuchilla de la guillotina, el lenguaje de los valientes no por eso se volvía menos altivo a medida que crecía el peligro: los que querían quedar libres a pesar de todo habían hecho un pacto con la muerte. A su ejemplo, cada uno de nosotros debe tener tan alta idea de su labor, que para llevarla a cabo haga un pacto con todos los desastres posibles e imposibles: es así como permanecerá seguro de una dicha que no engaña nunca, quedando por encima de todas las miserias de la vida. Y sobre todo que para sus estudios no cuente con ninguna recompensa, con ninguna deuda que la sociedad haya contraído hacia él: ésta no le debe nada y le da suficientemente al asegurarle la alegría de aprender y de utilizar su saber al servicio del prójimo. Pero si espera que la ciencia le remunere como a un rentista del Estado, que no se las tome más que consigo mismo si le llega a engañar, si no eleva su espíritu, no ennoblece su corazón y no le da la serenidad de una existencia dichosa. Cuanto más sabe, es decir, cuanto más ha recibido, más debe dar en cambio, más debe adquirir su obra un carácter de abnegación y también de sacrificio: no puede pagar la deuda a sus hermanos más que convirtiéndose en apóstol.

Vivificar la ciencia por la bondad, animarla con un amor constante por el bien público, tal es el único medio de hacerla productora de dicha, no sólo por los descubrimientos que acrecientan las riquezas de toda especie y por las que podrían aliviar el trabajo del hombre, sino sobre todo por los sentimientos de solidaridad que evoca entre aquellos que estudian y por las alegrías que suscita todo progreso en la comprensión de las cosas. Esta dicha es una dicha activa: no es la egoísta satisfacción de conservar el espíritu en reposo, sin perturbaciones ni rencores; al contrario, consiste en el ejercicio arduo y continuo del pensamiento, en el disfrute de la lucha que la ayuda mutua hace triunfante, en la conciencia de una fuerza constantemente empleada. La felicidad a que la ciencia nos invita es, pues, una felicidad que nos hace trabajar para conquistada todos los días. No hay para nosotros reposo más que en la muerte.

Pero -se nos dirá-, la obra que ofrecéis como ideal al joven, ¿no es difícil, casi imposible?

Ciertamente, le pedimos que realice una obra muy alta. Hemos hecho nuestra la frase de Emerson:

¡El sabio debe ser un héroe!

Índice

Mochila económica

En un ejercicio de transparencia, hemos decidido exponer cuáles son los costes que hay detrás de la publicación de cada libro. Creemos totalmente necesaria la accesibilidad a la cultura y la necesidad de generarla desde posiciones críticas. Intentamos que los precios de nuestros libros no sean desorbitados, pero que, al mismo tiempo, sean viables para sostener el proyecto. Esperamos que esto ayude a las lectoras a tomar consciencia de lo que supone. El precio de venta de este libro se divide de la siguiente forma:

Trabajo de impresión y postimpresión:	4,7€
Trabajo de edición y corrección:	1,2€
Recuperació inversió:	0,0€
Autoría:	0,0€
Trabajo de distribución:	2,0€
Librería u otros:	3,6€
IVA:	0,4€
PVP:	12€

Aquest llibre es va acabar d'imprimir al novembre de 2025 a l'espai autogestionat El Taller

AQUEST LLIBRE ES VA ACABAR D'IMPRIMIR AL NOVEM-
BRE DE 2025 A L'ESPAI AUTOGESTIONAT EL TALLER